Klaus Christian Wanninger

Hilfe, ich suche eine Frau

Klaus Christian Wanninger

Hilfe, ich suche eine Frau

Ein Buch über die Liebe, das auch die Männer ins Spiel bringt

Eugen Salzer-Verlag Heilbronn

Alle geschilderten Ereignisse beruhen auf wahren Begeben-
heiten. Personen und Umstände wurden allerdings so verändert, daß vermeintliche Ähnlichkeiten rein zufällig sind, ins-
besondere zu Illustrierten und Radiosendungen.

© Eugen Salzer-Verlag, Heilbronn 1991
Alle Rechte vorbehalten
Umschlaggestaltung: Klaus Pohl,
Foto von Klaus Christian Wanninger
Satz und Druck: Offizin Chr. Scheufele, Stuttgart
Printed in Germany. ISBN 3 7936 0304 0

Vorwort

Ach ja, die Liebe!
Dieser wunderbare Zustand, dieses einzigartige Ge-
fühl, diese alles verzehrende Sehnsucht! Viele träu-
men ein Leben lang von ihr, andere haben schon mit
Siebzehn die Nase voll. Psychologen sprechen vom
Frust an der Lust, Illustriertenschreiber von der Lust
ohne Frust und der Papst von der schlimmsten aller
Sünden. Die einen lieben zuwenig, die anderen zuviel.
Einen Tag himmelhochjauchzend, am anderen zu
Tode betrübt.
Alles der Liebe wegen!
Da soll eine(r) noch durchblicken!
Doch was ist der Mensch ohne eigene Erfahrungen?
Also begaben wir uns auf die Suche nach ihr, dieser
unbeschreiblich faszinierenden Liebeslust, wir, drei
junge, teilweise schon etwas angegraute Männer und
wurden mehr und mehr überrascht, je länger wir un-
terwegs waren...

1

Natürlich weiß ich, daß es das in Wirklichkeit nicht
gibt. So etwas kommt nur in Romanen vor. In der Realität ist es vollkommen ausgeschlossen; wir hatten in
den vergangenen Wochen oft genug darüber disku-
tiert.
Und dann passierte es ausgerechnet mir.
An dem Tag – es war ein Montag – sprang mein Auto
nicht an, ich konnte versuchen, was ich wollte. Nichts
zu machen. Weil Vater Staat aber trotz meines defekten
Fahrzeugs seine Einnahmen brauchte und dabei auf
mich ansonsten so überflüssige Figur nicht verzichten
konnte, mußte ich irgendwie ins Amt.
Blieb also nur der Zug. Und da passierte es, nachmittags, bei der Rückfahrt.
Im Bahnhof war ein Riesenbetrieb. Menschen haste-
ten aneinander vorbei, alle in größter Eile.
Ich beschloß, nicht die S-Bahn, sondern den Eilzug zu
nehmen, weil das gemütlicher war. Durch die Men-
schenmassen zwängte ich mich meinem Bahnsteig zu.
Da sah ich *sie:* schlank, lange, mittelblonde Haare, ein
zartes, leicht gebräuntes Gesicht, große, leuchtende
Augen! Was für Augen!
Ich blieb mitten im Gewühle stehen, schaute ihr nach.
Mein Gott, dachte ich, das gibt's doch nicht.
Mein Herz begann heftig zu schlagen, meine Beine zit-
terten. Ich sah, wie *sie* sich gewandt durch die vielen
Leute schlängelte, spürte den Kloß in meinem Hals.

Menschen stießen mich in die Seite, eine Frau prallte auf meine Brust, ein schwerbeladener Mann rammte mir seinen Koffer in den Rücken. Ich sah nur *sie!* Schlank, lange Haare, ein schmales Gesicht.

Mein Gott, hatte das Leben Überraschungen zu bieten! Mitten in der Menschenmenge auf Gleis 13 im Stuttgarter Hauptbahnhof hätte ich schreien können vor Glück. Ich weiß, das klingt verrückt, aber es war so.

Sie lief durch den Pulk der Leute an einer Frau mit Blumen vorbei, auf einen Mann mit einem Kofferkuli zu. Kurz, bevor *sie* ihn erreicht hatte, trat *sie* zur Seite, ließ ihn passieren.

Ich folgte jedem ihrer Schritte, beobachtete ihre Bewegungen. Fasziniert, gebannt vergaß ich alles um mich herum.

Sie lief den Bahnsteig entlang, weiter nach vorn, zeitweilig von anderen Menschen verdeckt – lange, mittelblonde Haare, ein schmales Gesicht, große Augen.

Es war verrückt: Aber genauso hatte ich mir *sie* immer vorgestellt. *Sie,* auf die ich wartete – früher, als ich noch an all die schönen Märchen von der großen Liebe glaubte, an die eine Frau, die irgendwann in mein Leben treten und zu mir kommen würde.

Mein Gott, das war lange her: Die Träume waren längst verschüttet, begraben unter all den Erfahrungen, die ich mit Beziehungen in den letzten Jahren gemacht hatte – mit erfreulichen, aber auch weniger erinnernswerten. Sie hatten ihre Spuren hinterlassen, mein Denken und meine Erwartungen langsam, aber sicher verändert und all den Unsinn und den unvernünftigen Rest meines kindlich-naiven Gemüts beseitigt. Heute, da war ich aufgeklärt und erwachsen, vernünftig und realistisch, kritisch und von meinem gesunden Menschenverstand geleitet.

Und die Träume von ihr, auf die ich einst gewartet hatte, waren längst verflogen...

Irgendwo hallten Worte aus einem Lautsprecher.

»... Eilzug nach Karlsruhe...«

Die Hektik der Menge schien sich zu beschleunigen.

Ob ich *ihr* folgen sollte, einfach in den Zug steigen, mit dem *sie* fuhr? *Sie* dann unterwegs ansprechen, vielleicht für heute oder morgen abend einladen, mit *ihr* zusammen aussteigen und im nächsten Laden einen großen Blumenstrauß besorgen?

Ach was, keinen großen, einen riesigen Strauß!

Ich sah *sie* auf eine der Abfahrtstafeln zueilen, überlegte fieberhaft. Der Lautsprecher meldete sich wieder, kündigte den Intercity aus Hamburg an. Nebenan fuhr ein anderer Zug in den Bahnhof, Menschen verließen ihn, andere stiegen ein. Ein junger Mann und eine Frau liefen schimpfend über den Bahnsteig. Erst schrie er sie an, dann sie ihn. Zwei Meter weiter schmusten zwei gar nicht mehr so junge Leute in inniger Umarmung.

Wenn *sie* nun nicht reagierte, schoß es mir plötzlich durch den Kopf, wenn *sie* meine Bemühungen einfach ignorierte oder mich sogar abwies, was dann?

Plötzlich meldeten sich Zweifel in mir. Wenn *sie* mich einfach dumm ansah, mich auslachte?

Ich muß zugeben, das »Anmachen« war nicht gerade meine stärkste Seite. Kontakte zu knüpfen, überließ ich oft den Frauen. Sie waren bei einer Beziehung schließlich genauso beteiligt wie wir Männer. Von mir aus auf eine Frau zuzugehen, bereitete mir im Normalfall zwar keine Probleme, da ich von Natur aus recht aufgeschlossen war, aber angenehm war es mir nicht gerade. Sollten die emanzipierten Damen das Risiko, sich einen Korb zu holen, doch genauso eingehen wie wir!

Direkt wütend konnte ich werden, wenn ich einen Mann in alter Macho-Manier wie einen Gockel um eine Frau herumstreichen sah, plump wie in der Steinzeit. Lieber verzichtete ich auf das Kennenlernen, als mich genauso zu verhalten. Ich konnte die Kritik vieler Emanzen durchaus verstehen, wenn sie plump-aufdringliche Männer als vorsintflutliche Reptilien mit viel Unterleib und wenig Gehirn abtaten. Was mich jedoch wunderte, war die Tatsache, daß bei vielen gar nicht so unemanzipierten Damen solche Dinosaurier ganz schön Erfolg hatten.

All diese Überlegungen halfen mir im Moment aber nicht weiter. Ich wollte *sie* kennenlernen, soviel stand fest. Ich würde zu *ihr* hingehen und *sie* einfach ansprechen, irgendwie, basta. Oder war das zu plump?

Bis ich mir darüber endlich klar war, konnte ich *sie* nirgends mehr entdecken. Ich reckte meinen Hals, stellte mich auf die Zehenspitzen, schaute nach allen Seiten, suchte den Bahnsteig und die Halle mit meinen Augen ab. So sehr ich mich auch bemühte, *sie* war spurlos verschwunden. Vielleicht war *sie* in die Bahnhofshalle gelaufen, um sich dort irgendetwas zu besorgen, bevor ihr Zug fuhr, beim Bäcker, beim Metzger oder beim Obststand. Oder *sie* war in einen der abfahrenden Züge gestiegen. Ich streckte meine Hand aus, schob die Leute vor mir zu Seite. Wie *sie* wohl mit Vornamen hieß? Vielleicht Stefanie oder Nicole oder...

»Paß doch auf«, schrie der etwas kleingeratene Mann, dem meine Hand die Brille von der Nase gerissen hatte, »streck deine Hände doch nicht in die Luft!«

Benommen von meinem Mißerfolg taumelte ich in meinen Zug, der abfahrbereit am Bahnsteig stand, und schob die alte Frau vor mir zur Seite, um noch einen Fensterplatz zu ergattern. Erschöpft ließ ich mich fallen. Hatte ja doch keinen Sinn, noch länger nach *ihr* zu suchen. Wozu auch, nur weil mich ihr Äußeres auf die Schnelle so elektrisiert hatte?

Blödsinn, als ob es auf das Aussehen ankam, die Schale, die Maske, die wir, kaum erwachsen, doch alle übergestülpt hatten. Höchste Zeit, daß ich nach Hause kam. Ich war doch kein naiver Träumer wie mein Freund Günther, der uns mit seinen längst überholten Vorstellungen von romantischen Liebesbeziehungen immer wieder aufs Neue nervte!

2

Als ich aufblickte – der Zug hatte den Bahnhof längst verlassen – saß *sie* mir schräg gegenüber! Ich weiß, wie verrückt das jetzt klingt, aber es war so.

Die Existentialisten behaupten, das Leben sei voll unerwarteter Zufälle, die insgesamt keinen Sinn ergeben, und sie mögen damit recht haben. Unser Alltag sei voll von Absurdität, schreibt Sartre, und er spiegele damit nur den Gang des gesamten Lebens wider, das bekanntlich die Sinnlosigkeit als einzigen Sinn beinhalte. Für mich allerdings erbrachte die Absurdität, mehrfach den ganzen Bahnsteig vergeblich nach *der* Frau abgesucht zu haben und, ohne es zu merken, im Gedränge in denselben Wagen wie *sie* eingestiegen zu sein, schon einen Sinn: Ich hatte endlich die Möglichkeit, mit *ihr* in Kontakt zu kommen.

Mich riß es fast von meinem Sitz, als ich *sie* so nah vor mir sah. Sie hatte ein Buch auf dem Schoß, dem ihre ganze Konzentration galt und in dem sie mehrfach hin- und herblätterte.

Ich musterte ihre Figur, betrachtete ausgiebig die helle Bluse und den dunklen Rock, der ihr über die Knie reichte. Anscheinend mußte ich das zu intensiv getan haben, denn als ich aufblickte, bemerkte ich überrascht, wie die ältere Dame mir gegenüber mit strafender Miene zu mir hersah und mißbilligend ihren Kopf schüttelte.

»Junger Mann!« murmelte sie unwillig.

Das war in Anbetracht meiner immerhin schon einunddreißig Jahre sicher ein Kompliment, sollte aber wohl nicht als solches verstanden werden. Ich fühlte daher auch, wie mir heiß wurde, und lief rot an wie eine Tomate. Doch das Objekt meines Interesses schaute nicht ein einziges Mal von seinem Buch auf. Ich wagte kaum, einen Blick hinüberzuwerfen, solange die Sittenwächterin ihr strenges Regiment ausübte. Hoffentlich stieg die bald aus, sonst konnte es schwierig werden, diese Barriere zu überwinden.

Der Zug hielt in Bad Cannstatt, Leute gingen, andere kamen. Der Moralapostel mir gegenüber machte keine Anstalten, zu verschwinden. Mir blieb nichts anderes übrig, als meine »Traumfrau« in ihrer Gegenwart anzusprechen. Fieberhaft überlegte ich, wie ich das am geschicktesten bewerkstelligen konnte. Es kam mir keine zündende Idee. Mein Herz hämmerte wild, in meinem Hals spürte ich einen dicken Kloß, selbst das Schlucken bereitete mir Schwierigkeiten.

Die junge Frau blätterte eine Seite um, ohne aufzusehen. Ich konnte sie nach dem Titel des Buches fragen oder nach dessen Inhalt oder wie es ihr gefiel. Vielleicht hatte ich es selbst schon gelesen oder ich kannte wenigstens den Autor.

Spannend mußte das Buch auf jeden Fall sein, so interessiert, wie sie sich darin vertiefte. Am liebsten wäre
mir gewesen, sie hätte Hemingways »Wem die Stunde
schlägt« vor sich, dann hätte ich ihr offen und ehrlich
erklären können, daß dies mein absoluter Lieblings-
roman war – und, nein, so ein Zufall, daß sie auch gerade... Aber es war nicht Hemingways Bürgerkriegs-
roman, ich erkannte es am Einband und am seltsamen
Format des Buches.

Am besten, ich erklärte *ihr* Buch auf jeden Fall als meinen Favoriten, gleich, was sie auch las, das machte
sicher Eindruck.

Ich äugte zu dem Buch hinüber, versuchte, darin zu
lesen. Einige Sätze originalgetreu zu zitieren, machte
vielleicht Eindruck, und das war für den Anfang bestimmt gut. Einfach einen Satz aus *ihrem* Buch ablesen
und ihn dann auswendig laut vor mich hinsagen, da
mußte *sie* doch reagieren.

Stuttgart-Straßburg... konnte ich entziffern, da blätterte sie um. Noch ein Versuch. *Paris-Straßburg-Stuttgart...*

Ich nahm mir gerade vor, die Namen der drei Städte
laut zu sagen, als ich in meinen Gedanken unterbrochen wurde.

»Haben Sie denn keinen Anstand?« hörte ich die
Stimme der Sittenwächterin.

Erstaunt blickte ich auf.

»Bitte?« fragte ich und schluckte, um den Kloß in
meinem Hals zu überwinden, »reden Sie mit mir?«

»Mit wem sonst?« erwiderte die ältere Frau mit grim-
migem Gesichtsausdruck.

Ich spürte, wie Wut in mir hochstieg. Sollte ich ihr erklären, sie möge sich gefälligst um ihren eigenen Kram
kümmern? Zum Glück fiel mir in diesem Moment ein,

13

was wir mit Günther besprochen hatten, und ich kam auf eine andere Idee. Ich unterdrückte meine Aggression und lächelte ihr zu.

»Das freut mich aber, daß wir miteinander ins Gespräch kommen«, sagte ich betont höflich, als der Zug wieder anfuhr.

»Ins Gespräch?«

Sie schaute mich fragend an, die junge Frau neben ihr blätterte weiter in ihrem Buch, ohne aufzusehen.

»Ja, ist doch nett, wenn man zusammen unterwegs ist und ein paar Worte wechselt«, fuhr ich fort, weil ich hoffte, dadurch auch mit *ihr* in Kontakt zu kommen, »vielleicht ergibt sich daraus ein intensiverer Gedankenaustausch, und wir lernen uns gegenseitig kennen.«

»Also, mit Ihnen bestimmt nicht, junger Mann«, erwiderte die Sittenwächterin streng und blickte mich entrüstet an, »was bilden Sie sich denn ein?«

»Ich? Gar nichts. Sie haben doch begonnen, also nehme ich an, daß Sie den Kontakt suchen.«

Mein Gegenüber war verstummt, offenbar hatte es ihr die Sprache verschlagen.

»Das ist doch einer der großen Vorteile des Bahnfahrens, daß man immer wieder nette Leute kennenlernt«, erklärte ich, »zum Beispiel Sie und die charmante junge Dame neben Ihnen.«

Endlich hatte ich es geschafft: *Sie* blickte von ihrem Buch auf, sah mich an, nickte mir kurz zu und vertiefte sich dann wieder in ihre Lektüre. Ich spürte mein Herz klopfen und kam mir vor wie ein Pennäler, der seine Angebetete zum ersten Rendezvous trifft. Nur war ich nicht mal so weit, *sie* von der Notwendigkeit eines Rendezvous mit mir überzeugt zu haben.

»Darf ich mich vorstellen, Gottlieb ist mein Name.«

»Das freut mich«, hörte ich eine Stimme über mir.

Ich sah auf und erkannte den Schaffner.

»Sie wollte ich schon immer kennenlernen«, meinte er lächelnd, »aber vorerst nur, um Ihren Fahrausweis zu überprüfen.«

Ich reichte ihm wortlos meine Karte, sah, wie auch die junge Frau ihm einen Ausweis entgegenstreckte, den er mit Kopfnicken bestätigte. Ihre Nachbarin kramte mit rotem Kopf in ihrer Handtasche.

»Ich weiß nicht, wo ich die Karte habe«, stotterte sie, »nicht, daß Sie denken, ich hätte keine gekauft.«

Ihr grimmiger Gesichtsausdruck war verflogen.

»Aber wieso denn?« erklärte der Schaffner freundlich, »wie weit fahren Sie?«

»Nürnberg«, sagte die Frau, »warten Sie, ich finde sie gleich.«

Der Beamte versuchte, die aufgeregte Frau zu beruhigen.

»Bis Nürnberg sind es noch über zwei Stunden«, meinte er, »da komme ich später noch einmal vorbei. Lassen Sie sich nur Zeit!«

Er lächelte freundlich, ging dann weiter.

»Ist mir das vielleicht peinlich!« Mein Gegenüber wühlte sich durch den Inhalt ihrer Tasche.

Ich merkte, wie die junge Frau ihr Buch zur Seite legte und ebenfalls in die Tasche starrte.

»Sind die spannendsten Stellen vorbei?« fragte ich.

Überrascht sah *sie* mich an.

»Spannend?« Sie lachte. »Das klingt gut.«

Ich sah ihre großen, dunklen Augen, bewunderte ihr schmales Gesicht und fühlte mein Herz schneller schlagen.

Mein Gott, habe ich ein Glück, arbeitete es in meinem Kopf, daß heute morgen mein Auto nicht funktionierte und ich jetzt hier im Zug sitze! Mehr Glück als Verstand!

»Ich lese auch sehr gerne«, sagte ich, »wenn ich Zeit habe.«

Sie lachte wieder.

»Ja, doch, Lesen ist mein Hobby. Besonders im Zug habe ich immer etwas dabei.«

»Sie fahren viel mit der Bahn?«

»Fast jeden Tag«, erklärte sie, »aber meist längere Strecken.«

»Prima«, sagte ich, »dann kennen Sie bestimmt viele Bücher.«

»Ich lese am liebsten Romane.«

»O ja, ich auch. Welche gefallen Ihnen am besten?«

»Am besten? Das ist schwer zu sagen. Ich habe so viele Lieblingstitel. Aber am besten ... vielleicht Wilkie Collins' »Die Frau in Weiß« und »Der Monddiamant«. Kennen Sie die?«

So ein Mist, dachte ich, noch nie was davon gehört. Werden ein paar seltsame Schinken sein!

»O ja«, antwortete ich, »die finde ich beide sehr gut. Ich lese zwar sonst kaum Liebesromane...«

»Liebesromane? Aber wieso? Collins schrieb doch Kriminalromane!«

»Natürlich«, beteuerte ich und spürte, wie mir das Blut in den Kopf schoß, »es ist schon eine Weile her, daß ich sie gelesen habe.«

War wohl ein Eigentor eben, überlegte ich. Mist, daß mir das passieren mußte!

»Unheimlich beeindruckt hat mich auch »Die Wolke« von Gudrun Pausewang. Sie kennen das Buch?«

»Die Wolke?«

Ich überlegte.

»Hm, ich glaube, ich muß passen. Aber Sie können es

mir vielleicht einmal ausleihen. Wenn Sie so freund-
lich wären?«
Sie sah mich mit ihren großen Augen an, lachte.
»Ja, wenn wir uns zufällig noch einmal über den Weg
laufen sollten, gern. Dann stecke ich das Buch heute
abend in meine Tasche, und wenn wir uns je wieder
einmal sehen...«
»Oh, das muß nicht dem Zufall überlassen bleiben. Da
gibt es ja Möglichkeiten, etwas dagegen zu tun.«
»So?«
Sie beglückte mich erneut mit ihrem charmanten Lä-
cheln und sah mir voll in die Augen.
»Und wie macht man so was?«
Mein Gott, ich glaube, *sie* ist wirklich interessiert, ju-
belte es in mir. Oder täuschte ich mich?
»Hm«, stotterte ich, »indem ich Sie vielleicht mal ein-
lade. In ein Café zum Beispiel oder ins Kino oder ins
Theater oder einfach dorthin, wo es Ihnen am besten
gefällt. Wenn Sie einverstanden sind?«
»Nur um Ihnen das Buch zu geben?«
»Vielleicht können wir uns auch noch über anderes
unterhalten. Was Sie in Ihrer Freizeit gerne tun, zum
Beispiel?«
»Warum nicht?« sagte sie, und in mir ertönte plötzlich
ein ganzes Orchester. Ich hörte Violinen, Flöten, Trompeten und Pauken. Und ganz im Hintergrund zog ein
virtuoser Organist sämtliche Register seiner gewalti-
gen Orgel.
»Fragt sich nur, wo wir uns treffen.«
»Machen Sie doch einen Vorschlag«, sagte sie.
In diesem Moment knallte es vor mir. Erschrocken
schaute ich auf den Boden, auf dem sich gerade aller
nur denkbare Kram ausbreitete. Von einer angebro-
chenen Tafel Schokolade über zwei blaue Kugelschrei-

ber bis zu einer Packung Papiertaschentücher war fast alles vorhanden. Geldstücke kullerten unter den Sitz und die Heizung, Schlüssel rutschten hinterher. Knöpfe und ein kleiner runder Spiegel rollten auf die andere Seite.

»O nein, so ein Unglück!« schrie die ältere Frau mir gegenüber, »alles nur wegen der Fahrkarte!«

»Nur keine Panik«, sagte ich, »ich helfe Ihnen!«

Ich bückte mich und sammelte den Inhalt der Tasche auf. Zwar hatte sie mich vorhin zweimal unverschämt angebäfft, aber immerhin war ich dadurch auch mit *ihr* ins Gespräch gekommen und so konnte ich sie jetzt doch nicht hängenlassen.

»Oh, und die Sachen unter dem Sitz!« jammerte sie.

»Nur langsam!« tröstete ich, »die bekommen wir schon!«

Ich drehte mich zur Seite und kroch unter die Bank.

Als ich meine Hände weit nach hinten streckte, um die Geldstücke zu ergattern, merkte ich, wie der Zug stark bremste. Ich tastete den Boden auf allen Seiten ab, bewegte mich zur Heizung hin.

»Ich muß aussteigen«, vernahm ich eine Stimme.

Ich steckte meine Finger unter die Heizung, ein Ruck – und der Zug stand.

»Bis bald, oder?« Die Stimme verlor sich zwischen all den Geräuschen. Ein Lautsprecher krächzte.

»Waiblingen«, verstand ich ganz gedämpft, »hier Waiblingen«.

Dann hörte ich Schritte, nicht weit von meinem Kopf entfernt, schließlich das Schlagen von Türen. Ich sammelte die Fundstücke in meiner Hand. Als ich das letzte Geldstück endlich erwischt hatte, kroch ich mühsam wieder vor und ließ der Frau alles Stück für Stück in die ausgebreiteten Hände kullern.

»Vielen, vielen Dank, junger Mann! Wie soll ich Ihnen das nur wieder gut machen?« bedankte sie sich überschwenglich und sichtlich erleichtert.

Da merkte ich plötzlich, daß *sie* verschwunden war.

»Wo, wo ist *sie* denn hin?« stotterte ich und deutete auf den leeren Platz.

Ich klopfte mir den Staub von Hosen und Hemd und schaute mich suchend um. Der Zug setzte sich gerade wieder in Bewegung, als ich *sie* draußen auf dem Bahnsteig laufen sah. *Sie* blickte zu mir her, winkte mir kurz, lief dann schnell die Treppen hinunter.

»Sie ist ausgestiegen«, bemerkte meine freundliche Reisegefährtin, »haben Sie es nicht bemerkt?«

Ich stand wie erstarrt. Bis ich wieder einigermaßen reaktionsfähig war, hatte der Zug so viel Fahrt gewonnen, daß ich unmöglich aussteigen konnte.

Das darf doch nicht wahr sein, schoß es mir durch den Kopf. Vor zwei, drei Minuten war ich kurz davor, mit *ihr* ein Treffen auszumachen, dann rollt der ganze Mist zu Boden und ich Idiot lasse mir diese einzigartige Chance entgehen! Und das alles nur wegen der Sittenwächterin.

»Da ist sie ja! Da ist sie!« rief in diesem Moment schrill eine durchdringende Stimme.

Überrascht schaute ich nach unten.

»Wer ist da? Wo?« spottete eine männliche Stimme vom anderen Ende des Wagens her. Der Zug hatte sich weitgehend geleert, nur noch wenige Reisende waren zu sehen.

»Meine Fahrkarte! So ein Glück! Junger Mann, sie war in meinem Taschentuch! So ein Glück, was?«

»Ja, ja«, sagte ich zornig.

Normalerweise war ich ein äußerst friedliebender Mensch. Jetzt aber – ich muß es gestehen – hätte ich die Frau samt ihrer Handtasche und deren Inhalt vor lauter Wut aus dem fahrenden Zug werfen können. Schließlich war sie daran schuld, daß ich die Chance meines Lebens so vertan hatte! So ein Mist!

Zwei Männer irgendwo im Wagen lachten laut.

»Sonst keine Sorgen«, hörte ich sie lästern, »nur die Fahrkarte.«

Mir war nicht nach Lachen zumute.

»Wissen Sie, also heute geht mir wirklich alles daneben. Zuerst hätte ich den Zug beinahe nicht mehr bekommen, und der nächste wäre erst achtzehn Minuten später gefahren, aber über Ellwangen, und ich fahre so gern über Hall, wissen Sie, weil mir die Gegend bei Hall viel besser gefällt, und über Ellwangen bin ich schon so oft gefahren, und außerdem ist dort alles so katholisch, und das Katholische mag ich überhaupt nicht. Wenn ich mir vorstelle, was der Papst und die Leute um ihn herum schon so alles angestellt haben, man hört ja so viel, von wegen Mafia, und dann im Mittelalter mit Frauen und so, und angeblich soll der Papst sogar eine eigene Tochter gehabt haben! Naja, also deswegen fahre ich nicht so gern über Ellwangen. Aber ich langweile Sie wohl?«

Verwirrt blickte ich nach unten, schaute die Frau an, die mich aus meinen Gedanken gerissen hatte.

»Wie?«

»Wollen Sie sich nicht setzen? Wir haben doch Platz genug. Jetzt, wo das Fräulein ausgestiegen ist – also wegen mir können Sie ruhig Ihre Füße auf den Sitz legen. Wissen Sie, ich bin jetzt so froh, daß ich die Fahrkarte wieder gefunden habe. Stellen Sie sich vor, ich hätte sie zuhause liegenlassen, ich glaube, ich hätte aussteigen müssen, unterwegs, oder? Was meinen Sie?«

»Wie? Ach so ja, bestimmt, ganz bestimmt«, erklärte
ich und schaute aus dem Fenster, den Kopf voller Ge-
danken, was ich anstellen sollte, um *sie* wiederzusehen.
Der nächste Halt war Winnenden. Sollte ich einfach
die S-Bahn oder den Eilzug zurück nehmen, um in
Waiblingen nachzusehen, ob *sie* vielleicht am Bahnhof
auf mich wartete?
»Meinen Sie wirklich, ich hätte aussteigen müssen?«
»Wie? Ach so, ja sicher.«
Ich wußte gar nicht, was die Frau meinte.
»Aber daß die so brutal sind, unschuldige Leute unterwegs rauszuwerfen, nur weil sie ihre Fahrkarte verges-
sen haben!«
»Wieso?«
»Ja, das weiß ich doch nicht! Ich hätte nie geglaubt,
daß die so brutal sind! Aber ich werde nachher den
Schaffner fragen, wenn er wiederkommt, ob die wirk-
lich so brutal...«
Ich sah, wie der Zug in Schwaikheim durchfuhr.
So würde ich es machen, überlegte ich, in Winnenden
sofort rüber auf das andere Gleis, die S-Bahn fuhr mittags um diese Zeit alle fünfzehn Minuten, dann sofort
zurück nach Waiblingen und dort nachsehen.
Und wenn *sie nicht* auf mich wartete, was dann?
»Wissen Sie, also normal bin ich nicht so gesprächig,
aber heute mittag habe ich extra zwei Tassen Kaffee
getrunken und jetzt nach der Aufregung mit der Fahrkarte und der Tasche, also, da heißt es eben, wes das
Herz voll ist, dem fließt der Mund über, wenn Sie das
Sprichwort kennen? Aber, sagen Sie, das Fräulein
hätte Ihnen wohl gefallen, habe ich recht, oder?«
Die Frau lächelte freundlich. Sie war sich offensichtlich nicht bewußt, wie sehr sie mich nervte.

»Wissen Sie, wenn das was hätte werden sollen, also zwischen Ihnen und dem jungen Fräulein, meine ich, dann, also dann hätte sich bestimmt was ergeben, ganz bestimmt. Das heißt, so genau weiß man das ja nie, aber unser Herrgott leitet schon alles in seine richtigen Wege! Wenn zwei zueinander finden sollen, dann klappt das schon. Und in diesem Fall war halt alles dagegen! Zum Glück ist mir meine Tasche im richtigen Moment auf den Boden gerutscht, wer weiß, sonst wären Sie vielleicht gar mit dem Fräulein ausgestiegen, stimmt's? Aber so ist es besser, daß Sie so freundlich und hilfsbereit zu mir waren. Wissen Sie, die jungen Frauen heutzutage… Aber ich glaube, Sie haben auch schon Ihre Erfahrungen hinter sich…«

Ich stand von meinem Platz auf, weil der Zug bremste.

»Ja, wie?« fragte meine Begleiterin, »Sie wollen mich doch nicht verlassen? Doch? Habe ich Ihnen auch nicht zuviel geredet? Ach, ich bin jetzt so fertig, ich kann Ihnen gar nicht sagen, wie!«

»So?« sagte ich, »aber wieso denn?«

»Ach, wissen Sie, weil ich so viel geredet habe. Also, normalerweise mach' ich das nicht, aber Sie, Sie sind so ein anständiger junger Mann, also mein Eugen hätte garantiert seine Freude an Ihnen! Und jetzt habe ich vor lauter Aufregung so viel geredet.«

»Macht doch nichts!« sagte ich, in Gedanken an *sie* versunken. »Gute Fahrt auch!« verabschiedete ich mich, streckte ihr die Hand entgegen und schaute aufs andere Gleis. Die S-Bahn fuhr gerade in den Bahnhof.

»Ihnen auch! Und alles, alles Gute!«

Ich spurtete zur Tür, drängte mich an zwei älteren Männern vorbei.

»Und vielen Dank nochmal für Ihre Hilfe!« schallte es hinter mir her.

Ich rannte über den Bahnsteig, direkt in die S-Bahn. Ein Blick nach rechts und links, hoffentlich waren keine Bekannten da. Wie hätte ich meinen Spurt über den Bahnsteig in die Bahn, die die Strecke wieder zurückfuhr, auch erklären können?

Keine zehn Minuten später stand ich in Waiblingen vor dem Bahnhof. Ich blickte mich auf dem Vorplatz um, schaute im Innern des Gebäudes nach, streckte meinen Kopf in die Bahnhofswirtschaft, stapfte zu den Parkplätzen, dann in Richtung Innenstadt – nichts. Natürlich hatte *sie nicht* auf mich gewartet, wieso auch?

Einen Verehrer, der *sie* um ein Rendezvous bat, um dann, nachdem *sie* ihre Bereitschaft dazu bekundet hatte, auf den Boden zu kriechen und unter den Sitzen so lange Pfennigstücke zusammenzusuchen, bis *sie* ausgestiegen und der Zug wieder losgefahren war – solch eine Witzfigur hatte *sie* bestimmt noch nie zuvor im Leben getroffen. Und auf den warten?

Sie hätte verrückt sein müssen, wenn *sie* es getan hätte.

3

Sie ließ mir dennoch keine Ruhe. Zwanzig Minuten war ich in *ihrer* Nähe, fünfzehn oder zwanzig Sätze hatten wir gewechselt, vielleicht sogar weniger, ständig bedrängt von den Attacken unserer Reisebegleiterin – und trotzdem sah ich *sie* ständig vor mir. Ihr schmales, leicht gebräuntes Gesicht, ihre glatten Haare, die Augen. Oh, die Augen!

Was wußte ich sonst von *ihr?*

Die Bücher, die ihr gefielen, die Titel, die sie mir genannt hatte.

Morgen früh, während der Frühstückspause, würde ich mir in der nächsten Buchhandlung alle diese Bücher besorgen. Vielleicht brachte mich das auf *ihre* Spur. Oder? Was sonst konnte ich tun, *sie* zu finden? Mir fiel ein, daß *sie* erwähnt hatte, oft mit der Bahn zu fahren. Vielleicht sogar mit demselben Zug wie heute? Das war *die* Chance! Von heute an würde ich nur noch per Bahn ins Geschäft starten und dann auf der Rückfahrt... Oder gar auf der Hinfahrt schon?

»Willst du nicht dein Auto reparieren?« fragte Thomas.

»Wozu?«

»Frag doch nicht so dumm! Wie kommst du sonst morgen ins Geschäft?«

»Per Bahn.«

»Wie?«

Thomas' Augen weiteten sich zu bedenklicher Größe.

»Du?«

»Warum nicht?«

»Du gehst doch sonst keinen Schritt zu Fuß.«

»Jeder lernt dazu.«

»Das ist mir vollkommen neu.«

»Du wirst dich daran gewöhnen.«

Nur nicht aus Versehen erwähnen, wieso ich auf einmal zum Bahn-Fan geworden war, überlegte ich. Thomas lacht mich schlichtweg aus, wenn er die Wahrheit erfährt. Ich konnte mir seine Parolen denken, ohne daß ich sie gehört hatte. »Liebe auf den ersten Blick« vielleicht, oder »noch so ein naiver Träumer, wie?«

24

Unter mir ertönte ein klagender Heulton, der eigentlich wie ein intensives Miau klingen sollte. Udo Lindenberg, das dritte Mitglied unserer Wohngemeinschaft, lechzte nach Streicheleinheiten.

Ich nahm ihn hoch auf meinen Schoß und beglückte ihn mit liebevoller Massage. Ganz auf Genuß eingestellt, dankte er mit lautem Schnurren.

»Der arme Udo Lindenberg«, kommentierte Thomas, »wenn ich mir vorstelle, wie lange du schon keine feste Freundin mehr hast, wird mir erst klar, was der wieder an wochenlang angestauter Zärtlichkeit über sich ergehen lassen muß.«

Ich streichelte Udo Lindenberg, warf Thomas einen klebrigen Löffel an den Hals.

»Sei ruhig, dir geht's kein Haar besser!«

Udo schnurrte so laut er konnte. Seinen Namen hatte er seiner seltsamen Kopfform wegen erhalten. Oben war sein Schädel in die Höhe gezogen, als trage er wie sein Namenspatron einen Hut, und nach unten wuchs ihm auf beiden Seiten des Gesichts ein dichter Pelz, der aussah wie Udos Haare. Die Ähnlichkeit der Geräusche, die beide in schnurrendem bzw. singendem Zustand von sich gaben, tat ein übriges zu seinem Namen. Udo Lindenberg war in der Wohnung schon länger zuhause als ich. Thomas hatte ihn als Baby geschenkt bekommen. Als er mit seiner damaligen Freundin Ellen hier einzog, wurde Udo Lindenberg von Anfang an eine Ecke im Wohnzimmer reserviert, die Thomas mit einer alten ausgebeulten Lederjacke ausstaffierte. Udo Lindenberg fühlte sich auf der Jacke wohl und benutzte sie als Rückzugsort, wenn in der Wohnung zuviel Betrieb war.

Daß Thomas wenige Monate, nachdem sie hier eingezogen waren, mit Ellen in immer heftigere Auseinandersetzungen geriet, so daß sie bald darauf das Weite suchte, war Udo Lindenberg nur recht: Hatte er sich doch von ihr schon immer nur mit größtem Widerstand streicheln oder gar auf den Schoß nehmen lassen. Daß er nach Ellens Auszug mehr Zuwendung von Thomas als je zuvor erhielt, genoß er dafür umso mehr. Und als dann ich hier einzog, war Udos Glück perfekt: Zwei einsame Männer, die oft nicht wußten, wohin mit ihrer angestauten Zärtlichkeit, stillten sein ausgiebiges Zärtlichkeitsbedürfnis fast rund um die Uhr.

Wir hatten uns auf einer Bahnfahrt kennengelernt: Ich, vertieft in eine neue Anweisung des Finanzministeriums, und Udo, vertieft in eine schon weitgehend geleerte Dose Whiskas. Sein genießerisches Schmatzen nur wenige Zentimeter neben meinen Beinen riß mich aus meiner Lektüre und machte mich auf den vierbeinigen Reisegefährten aufmerksam.

Es war Liebe auf den ersten Blick. Nachdem Udo sich ausreichend gesättigt hatte, schleckte er Mund und Barthaare ab und nahm mit einem kräftigen Satz auf dem Polster neben mir Platz. Dabei kuschelte er sich trotz der Ermahnung seines gegenüber sitzenden Herrchens so nahe an mich heran, daß ich nicht anders konnte, als ihm sanft übers Fell zu streichen. Sein unmittelbar einsetzendes heftiges Schnurren teilte mir seine aufrichtige Zuneigung mit.

»Er fühlt sich wohl in Ihrer Nähe«, sagte sein Besitzer, »das kommt nicht bei jedem vor.«

»Er braucht Zärtlichkeit«, entgegnete ich grinsend, »anscheinend erhält er zu Hause nicht allzu viel davon.«

»Oh, also da kann er sich wirklich nicht beklagen«, meinte mein Gegenüber, »seit mir vor zwei Monaten meine Freundin durchgebrannt ist, kommt er voll auf seine Kosten, der alte Genießer.«

»Na, da scheint uns der gleiche Schicksalsschlag getroffen zu haben.«

»Sie auch?«

»Vor drei Monaten schon«, sagte ich, »ich hätte zu wenig Zeit, wegen Beruf und so.«

»O ja, dann scheint es uns wirklich ähnlich zu gehen.
Ich sei ein Faulpelz, meinte meine Freundin, weil ich
nicht jeden zweiten Abend tanzen, ins Theater oder in
ein Pop-Konzert gehen wollte.«

»Und jetzt?«

»Ach, es geht. Udo Lindenberg tröstet mich.« Er zeigte
auf den Kater an meiner Seite. »Ohne ihn wär's bestimmt nicht so leicht.«

»Udo Lindenberg?« Ich verstand, lachte.

»Toller Name!« Ich musterte den leise schnurrenden
Kerl neben mir. »Paßt genau.«

»Nur die Wohnung ist jetzt zu groß«, sagte mein Gegenüber, »für uns beide.« Er zeigte auf Udo , der sich
zufrieden auf dem Polster räkelte.

»Sie sind gut«, erwiderte ich, »ich wollte, ich hätt' solche Probleme.«

»Wieso?«

»Weil ich, da ich keine Wohnung finde, jeden Tag über
200 Kilometer fahre.«

Vor einiger Zeit hatte ich mich vom Karlsruher ans
Stuttgarter Finanzamt versetzen lassen. Dort war eine
höhere Position freigeworden, und ich hoffte, fortan
eine ruhigere Kugel schieben zu können. Da lohnte
sich die weite Fahrt doppelt: Mehr Geld, dafür weniger
Arbeit.

»Wo suchen Sie eine Wohnung?«

»In oder um Stuttgart. Seit die Sache mit Monika vorbei ist, habe ich mir einen anderen Arbeitsplatz gesucht. Um ihr nicht zufällig wieder zu begegnen.«

27

Das war der zweite, vielleicht wichtigere Grund für meine Flucht nach Stuttgart. Monika war ebenfalls Finanzbeamtin. Und sie weiterhin jeden Tag sehen zu müssen – das wollte ich ihr und auch mir nicht länger antun.

»In oder um Stuttgart?«

»Ja, in S-Bahn-Nähe.«

»In oder um Stuttgart«, wiederholte er, »in S-Bahn-Nähe.«

»Für den Notfall«, erklärte ich, »falls mein Auto nicht funktioniert.«

»Wegen mir könnten wir's probieren«, sagte er unvermittelt.

»Was?« fragte ich überrascht.

Neben mir maunzte Udo Lindenberg besser als jeder Rockstar.

»Und Udo hat bestimmt nichts dagegen.«

»Was denn?«

Ich verstand immer noch nicht.

»Im Gegenteil, er würde sich bestimmt freuen. Noch einer, der ihn streichelt.«

Ich schaute mein Gegenüber groß an.

»Ellens Zimmer«, sagte er, »steht doch leer.«

»Ellens Zimmer?«

»Meine Verflossene.«

»Ach so.«

»Nicht in, aber bei Stuttgart«, erklärte er.

»Wie bitte?« fragte ich ungläubig.

»Wenn es Ihnen gut genug ist. Immerhin in S-Bahn-Nähe«, erläuterte er, »Sie verstehen?«

So waren Udo Lindenberg und unsere gemeinsame Bahnfahrt der Grund dafür, daß ich keine zwei Monate später bei den beiden einzog und Udo fortan mit zusätzlichen intensiven Streicheleinheiten versorgte.

4

»Wo treffen wir uns morgen mit Günther?« fragte Thomas.

»Morgen?«

»Haben wir doch ausgemacht.«

Du meine Güte, das hatte ich völlig vergessen. Mit Günther in die Staatsgalerie. Das fehlte mir gerade noch.

Ausgerechnet morgen!

»Um wieviel Uhr?«

»Kannst du schon um vier?«

»Ausgeschlossen, das muß doch nicht sein!«

Thomas schaute mich groß an.

»Wie bitte? Was haben wir denn gestern am Telephon besprochen?«

»Habe ich völlig vergessen. Tut mir leid.«

Nur jetzt nicht auffallen, dachte ich, nur keinen Verdacht erregen, der ihn aufmerksam werden ließ.

»Der Junge hat sich verknallt« – ich konnte mir seine spöttischen Bemerkungen gut vorstellen, »lieber Günther, leider müssen wir absagen, wir können Gottlieb doch nicht von seiner großen Liebe abhalten!« Was war denn so schlimm daran, wenn ich *sie* wiedersehen wollte?

»Ich habe gerade so viel zu tun im Amt«, sagte ich, »willst du nicht allein mit Günther gehen?«

»Auf einmal? Wieso hast du das gestern noch nicht gewußt?«

»Heute kamen neue Akten, ich hatte keine Ahnung.«

»Und warum hast du nichts mitgebracht? Du arbeitest doch sonst immer abends daran?«

»Ich muß sie erst aussortieren«, versuchte ich ihm zu erklären, »so weit bin ich noch nicht.«

»Wir können Günther nicht absagen«, meinte er, »du weißt doch, wie niedergeschlagen er gestern war – und allein habe ich keine Lust!«

»Aber ein Wochenende wäre sowieso besser für einen Besuch im Museum.«

»Warum?«

»Na ja, wegen der Kontakte. Glaubst du, an einem normalen Wochentag treffen wir besonders viele Frauen in der Staatsgalerie?«

»Wir müssen's probieren, wir haben es ihm versprochen.«

Mir blieb nichts übrig, als meinen Versuch, *sie* wiederzusehen, um einen Tag zu verschieben. Ob *sie* auch am Mittwoch wieder mit dem Zug fuhr? Ich mußte es riskieren.

»Was ist?« fragte Thomas. »Klappt es um vier?«

»Also gut«, maulte ich, »sonst bist du doch nicht zufrieden.«

»Du scheinst nicht sonderlich begeistert zu sein.«

Er hatte meine Empfindungen voll begriffen. Es war ja auch ziemlich verrückt. Ausgerechnet jetzt mußte mir das passieren, nachdem ich Günther wegen seiner romantischen Liebesideale so verspottet hatte. Schließlich war es keine drei Wochen her, daß wir uns angesichts dieses Themas ganz schön in die Wolle geraten waren...

5

»Die hätte mir gefallen«, hatte Günther gemeint, als wir auf den Ausgang zuliefen und der Zug gerade wieder anfuhr. Vor Überraschung wäre mir beinahe die Tasche aus der Hand geflogen.

»Was?« rief ich, »die hätte dir gefallen?«

Ich blieb stehen und schaute ihn mit großen Augen an. Günther, der Klosterbruder, wie wir ihn spöttisch nannten, gab zu erkennen, daß ihm eine Frau gefiel. Ich war sprachlos, Thomas ebenso.

»Das gibt's nicht!«

»Warum denn nicht?«

Günther schaute verständnislos.

»Hast du heute zum ersten Mal bemerkt, daß es auf der Welt auch Frauen gibt?« fragte Thomas.

»Du bist doch ein...« antwortete Günther, verschluckte aber den Rest.

»Warum hast du sie nicht nach ihrer Adresse gefragt?« wollte ich wissen.

»Wieso?« stotterte er.

»Mein Gott, wieso!« knurrte Thomas, »vielleicht weil du dich mit ihr treffen willst?«

Günther fand kaum die Sprache wieder.

»Aber ich kann sie doch nicht einfach nach ihrer Adresse fragen!«

»Und warum nicht?«

»Weil, weil ... ich mich sowas nicht traue, wo sie mich doch kaum kennt.«

»Und wie kommst du dann mit ihr in Kontakt?«

»In Kontakt?« wiederholte er und schaute mich fragend an.

»Genau. Sie hat dir doch gefallen.«

»Du stellst vielleicht Fragen«, meinte er, »als ob das so einfach wäre, mit einer Frau in Kontakt zu kommen.«

»Was ist daran problematisch?«

»Das ist leichter gesagt als getan! Außerdem bin ich jedesmal, wenn ich eine Frau nett finde, dermaßen...« Günther stockte, schaute mich mit großen Augen an.

»Dermaßen?« fragte Thomas.

»Was wohl?« brummte er, leicht gereizt, »aufgeregt natürlich und richtig blockiert, was denn sonst?«

»Dennoch muß es dir gelingen, wenn du sie kennenlernen willst.«

»Ja schon, aber wie? In der Theorie ist alles einfach, aber wenn ich es versuche, fehlt mir der Mut. Ich bin halt nicht der Typ, der auf Leute zugeht, geschweige denn auf eine Frau.« Günther lächelte gequält.

»Warum sagst du ihr nicht einfach ein paar freundliche Worte?«

»Was soll ich denn sagen?«

»O Mann, also das mußt du dir wirklich selbst überlegen. Irgendwas wird dir doch einfallen!«

Günther schüttelte den Kopf.

»Mir fällt nie etwas ein, wenn ich eine Frau treffe, die mir wirklich gefällt. Ich kann mir hundert Mal vornehmen, ihr was weiß ich alles zu sagen, in dem Moment, wo ich ihr gegenüberstehe, habe ich plötzlich so einen Kloß im Hals und eine solche Sperre im Kopf, daß ich weder was Gescheites sagen, noch überhaupt was Vernünftiges denken kann. Je besser mir die Frau gefällt, je interessanter ich sie finde, desto größer sind meine Hemmungen. Ich denke dann, daß sie viel zu gut für mich ist und eine solch jämmerliche Figur wie mich überhaupt nicht wahrnimmt. Ich komme mir so minderwertig und bedeutungslos vor, daß ich am liebsten in den Boden versinken würde. Verstehst du das? Ist doch verrückt, oder?«

»So verrückt ist das nicht«, meinte Thomas, »im Gegenteil, es fällt vielen Menschen schwer, andere anzusprechen. Frauen haben meist weitaus mehr Hemmungen als Männer – kein Wunder bei der Erziehung und den seltsamen Vorstellungen in unserer Gesellschaft, die Frauen immer noch andere Verhaltensweisen zuschreiben als Männern. Eine Frau, die mit einem Mann Kontakt zu knüpfen sucht, gilt bei vielen als aufdringlich. Von Männern dagegen wird erwartet, daß ihnen das selbstverständlich gelingt – ein absolut unverantwortliches Denken, weil so Kontakthemmungen künstlich verstärkt werden: Männer, die ohnehin Schwierigkeiten haben, mit anderen ins Gespräch zu kommen, werden dadurch noch stärker unter Druck gesetzt, Erfolg zu zeigen, und Frauen, die von Natur aus kontaktfreudig sind, werden verunsichert und in ihrer natürlichen Art eingeschränkt. Warum sollte eine Frau einem Mann, den sie interessant findet, nicht genauso offen ihre Aufmerksamkeit zeigen dürfen wie im umgekehrten Fall? Vielleicht trifft sie auf einen gehemmten Menschen, der von sich aus nie eine Verbindung herzustellen gewagt hätte, und es entsteht eine für beide bereichernde Beziehung?

Ängste und Hemmungen dieser Art sind völlig natürlich und werden von den meisten Menschen empfunden. Sie gehören einfach zum Leben dazu – wir müssen nur lernen, mit ihnen umzugehen. Das kann ein langwieriger Prozeß sein, aber du mußt dich bemühen. Du mußt, hörst du? Wie willst du eine Frau näher kennenlernen, wenn du nicht endlich einmal deine Hemmungen beiseite schiebst?«

»Vielleicht ergibt es sich einfach«, sagte Günther, »irgendwie. Dann soll es auch sein. Oder es ergibt sich nicht – dann soll es eben nicht sein.«

»Oh, mein Gott«, sagte Thomas, »wenn alle Leute so dächten, würde die Menschheit bald aussterben.«

»Aber warum?« fragte Günther. »Wenn zwei Menchen die wahre Liebe spüren, werden sie bestimmt zueinander finden.«

»Au weh!« spottete Thomas, »die wahre Liebe! In welchem Jahrhundert leben wir denn?«

Günther schaute ihn groß an.

»Was hat das damit zu tun?«

»Wenn du mit solch überholten Vorstellungen daherkommst, frage ich mich schon, in welcher Zeit du lebst.«

»Für mich sind das keine überholten Vorstellungen, ganz im Gegenteil«, erwiderte Günther, »aber mich wundert deine Einstellung, bei deinem Beruf, lieber Herr Dr. Frühling.«

»*Den* Zusammenhang verstehe ich jetzt nicht«, erklärte Thomas.

Seit er in einer weitverbreiteten Illustrierten unter dem Pseudonym: *Frischer Wind in Ihren Alltag – Diplompsychologe Dr. Frühling gibt Antwort auf Ihre Lebens- und Liebesfragen* Kolumnen zum Thema *Liebe und Partnerschaft* veröffentlichte und Leserfragen zu diesem Problemkreis beantwortete, erwartete alle Welt von ihm, daß er vor Glück zerschmolz, sobald er nur das Wort »Liebe« hörte. Dabei war diese Tätigkeit für ihn, wie er immer wieder ausdrücklich betonte, ein Beruf wie andere auch, und er fühlte sich trotz seines Psychologiestudiums in Sachen Liebe keineswegs allwissend.

»Ein Mensch ohne die wahre Liebe ist wie ein Baum ohne Wurzeln und ohne Früchte. Er hat den Sinn seiner Existenz nicht begriffen«, erklärte Günther später, als wir in seiner Wohnung angelangt waren.

»Amen. Halleluja«, antwortete ich.

»Spottet nur. Damit könnt ihr meine Überzeugung nicht ändern. Ihr wollt einfach nicht wahrhaben, daß Liebe existiert und für unser Leben notwendig ist.«

»Wahre Liebe«, sagte Thomas, »was ist das, wenn ich fragen darf?«

Günther blieb vollkommen ernst.

»Wenn zwei Menschen fühlen, daß sie zueinander gehören und einer ohne den anderen nicht mehr leben kann.«

»Schluchz«, sagte ich, »wie wunderschön!«

»O je«, warf Thomas ein, »was glaubst du, wie oft ich diese Gefühl schon hatte.«

»Zuerst mit Maria, dann mit Silke, anschließend mit Birgit«, spottete ich, »zwei Wochen später mit Ingrid, dann mit Barbara...«

»Das ist keine Liebe«, erklärte Günther, »was ihr macht, das ist Konsum von Frauen.«

»Ich habe immer geglaubt, richtig verliebt zu sein«, erwiderte Thomas, »und nach drei, vier Monaten, manchmal kürzer, manchmal länger, war das Gefühl vorbei, wie verflogen. Mal bei mir, mal bei ihr oder gleich bei beiden. Liebe?«

»Was glaubst du, wie Christine und ich uns zum Schluß auf den Wecker gingen«, erklärte ich, »obwohl wir beide ein dreiviertel Jahr zuvor unsterblich ineinander verliebt waren. Und ein paar Monate später war es mit Claudia dasselbe: Am Anfang die große Liebe und dann...«

»Ihr seid selber schuld«, entgegnete Günther, »wenn

35

man Frauen wie seine Unterwäsche wechselt, kann sich keine Liebe einstellen. Zur Liebe gehört die Bereitschaft, sich auf einen Menschen einzulassen, voll und ganz. Und auf seine eigenen Vorteile zu verzichten, zugunsten des anderen.«

»Aha«, sagte Thomas, »und wie funktioniert das?«

»Wenn du dich darum bemühst, wird es dir gelingen«, erklärte Günther voller Überzeugung, »wo ein Wille ist, da ist auch ein Weg.«

»Oh, mein Gott!« Thomas griff sich an die Stirn. »Und der Mensch lebt im 20. Jahrhundert!«

»Ihr könnt spotten, soviel ihr wollt! Ich weiß, daß es die wahre Liebe gibt.«

»Du weißt es«, sagte ich, »und woher, du Schlaumeier?«

»Weil ich es oft genug beobachten kann.«

»Was?«

»Wie zwei Menschen liebevoll miteinander umgehen.«

»Und bei wem bitte?«

»Bei zwei Freunden von mir, Hannelore und Helmut.«

»Hannelore und Helmut?«

»Ja. Zwei sehr nette Menschen, mit denen ich befreundet bin. Die beiden leben in wunderbarer Harmonie, das müßt ihr erlebt haben! Soviel Glück und solch innige Zuneigung! Ich glaube, ihr könntet bei ihnen viel lernen!«

»Muß ja wirklich ein traumhaftes Paar sein! Wie oft hast du sie schon gesehen? Mehr als ein Mal?«

»Wir treffen uns fast jede Woche«, meinte Günther, »ich kenne sie gut genug, um es richtig beurteilen zu können.«

»Und du glaubst tatsächlich, so wie du sie erlebst, verhalten sie sich auch im Alltag?«

»Warum nicht?«

»Ach was«, erklärte ich, »du erlebst doch nur ihre Sonnenseite! Die haben längst bemerkt, wie du ihr Zusammenleben glorifizierst und spielen dir das traute Paar vor. Die Rückseite der Medaille halten sie schön vor dir verborgen.«

»Das kannst du nur sagen, weil du ihr Glück noch nicht miterlebt hast.«

»Laß dir doch nichts vormachen«, erwiderte Thomas, »Liebe ist das Gefühl von Augenblicken, und die dauern nun mal nicht sehr lange. Was wir lernen sollten, ist einzig und allein, solche Augenblicke möglichst oft herbeizuführen – mehr können wir nicht verlangen.«

»Können wir doch«, sagte Günther trotzig.

»Du bist wohl Experte, wie?« spottete ich.

»Allerdings. Ich weiß es genau.«

»Du weißt es?«

»Aus eigener Erfahrung, wenn ihr es unbedingt wissen wollt. Ich habe die wahre Liebe selbst erlebt.«

»Du?« riefen wir beide, völlig überrascht.

»Und ich dachte, du bist noch Jungmann«

Günther schüttelte nur den Kopf.

Er stand vor einem seiner Bilder, die er selbst gemalt hatte und das in zarten Farben eine hügelige, vom Meer umsäumte Landschaft zeigte.

»Hier«, sagte er, »es stammt aus dieser Zeit.«

Ich betrachtete das Bild, sah zwei Menschen im Vordergrund, einen Mann und eine Frau, umgeben von einer Landschaft aus Hügeln und Felsen und im Hintergrund kleine, weiße Würfelhäuschen am Meer. Und plötzlich bemerkte ich, daß die beiden Personen in der Mitte des Bildes in entgegengesetzte Richtungen auseinanderliefen. Günther stand davor, die Augen in die Ferne gerichtet.

»Davon hast du noch nie etwas erzählt«, sagte ich,
»wann war das?«

»Vor fünf Jahren«, erwiderte er.

Ich sah die von Steinen übersäten Felder, bemerkte die
blauen Kuppeln kleiner Kirchen.

»Wo?«

»In Griechenland, auf der Insel Amorgos.«

»Dort warst du?«

Er nickte mit dem Kopf.

»Und jetzt?«

»Laß uns später einmal darüber reden, nicht heute«,
erklärte er, »es bedeutet mir zuviel. Aber ihr könnt
spotten, soviel ihr wollt, und du kannst in deiner Illustrierten schreiben, was dir beliebt – ich weiß auf jeden
Fall, daß es das gibt, was wir die wahre Liebe nennen.
Und wenn ich Glück habe, werde ich irgendwann eine
neue Liebe finden.«

Er redete mit solcher Überzeugung, daß uns das Spotten verging. Es war offensichtlich, daß ihn die Erinnerung zutiefst berührt hatte. Ich wollte daher trotz meiner Neugier auch nicht weiter in ihn dringen. Vor fünf
Jahren hatte Günther seinen Wohnort und seinen Arbeitsplatz überraschend, fast über Nacht, gewechselt,
und seither lebte er als Gärtner in einem Kloster hoch
über dem Rheintal, weitab vom hektischen Getriebe
der Welt.

Günther war kein Mönch, o nein, nicht einmal katholisch, er hatte sich aus uns bisher unbekannten Gründen hierher zurückgezogen, ohne seine Entscheidung
jemals zu begründen. Umgeben von weitgehend in-
takter Natur, einer Handvoll alter Nonnen und zwei
Dutzend behinderter Frauen war er als einziger Mann
in der weitläufigen Anlage um die Versorgung der Klo-
sterbewohnerinnen bemüht. Er kümmerte sich um

den Anbau der Felder, pflanzte im Garten frisches Obst, Salate und Gemüse, erntete im Auftrag des Klosters Weintrauben und versorgte zwei Dutzend Hühner, Gänse und drei Kühe. Kein Wunder, daß ihm kaum Zeit und Gelegenheit blieben, sich um andere irdische Dinge zu kümmern. Zweiunddreißig Jahre war er alt, und dennoch hatte er, jedenfalls so weit ich es beurteilen konnte, nur selten Kontakte zu weiblichen Wesen – vielleicht bis auf dieses eine Mal, das er uns eben angedeutet hatte.

»Ich lebe halt so für mich allein«, kommentierte er.

»Und dabei wird es bleiben, wenn nicht ein Wunder geschieht«, meinte Thomas.

Plötzlich fiel mir ein, wie wir das Wunder bewerkstelligen konnten.

6

»Wir geben eine Anzeige auf«, erklärte ich.

»Was?«

»Eine Anzeige in der Zeitung.«

»Wozu?«

Günthers Augen zeigten deutlich, daß er mich nicht verstand.

»Dir hat sie doch gut gefallen.«

»Wer?«

»Das Mädchen im Zug, mit dem wir redeten.«

»Wir« war falsch formuliert: Thomas und ich hatten uns mit ihr unterhalten, Günther saß schweigend dabei, wie üblich.

»Ja und?«

»Wir geben eine Anzeige auf, in der wir sie bitten, sich bei dir zu melden.«

»Bei mir?« fragte Günther.

»Klar doch«, sagte Thomas, »du willst sie doch näher kennenlernen, oder?«

»Ja, aber…«

»Nichts ›ja aber‹!«

»Wie soll das denn vor sich gehen?«

»Ganz einfach: Das Mädchen erzählte uns, daß sie in Landau wohnt. Also geben wir in der Landauer Zeitung eine Anzeige auf und bitten sie, sich bei dir zu melden.«

»Und wie soll sie mich finden?«

»Wir schreiben deine Adresse dazu.«

»Um Gottes willen«, jammerte Günther, »nicht meine Adresse und meinen Namen.«

»Warum nicht? Wie soll sie dich denn sonst erreichen?«

»Meine Adresse und meinen Namen nicht«, beharrte er, »wenn das jemand liest, glauben alle, ich sei so ein Kerl, der hinter Frauen herrennt, wenn ich sogar in der Zeitung schon nach einer suche.«

»Nein«, sagte ich, »das glaubt kein Mensch. Jeder, der dich kennt, weiß, daß du zu allem fähig bist, nur nicht dazu, hinter einem weiblichen Wesen herzulaufen.«

Thomas und ich beschlossen jedenfalls, die Anzeige aufzugeben, auch gegen Günthers Willen – er brauchte es ja nicht zu wissen. Also formulierten wir zusammen den Text, legten Geld dazu und warfen den Brief in den Postkasten.

»Hoffentlich haben wir Erfolg damit«, sagte ich.

»Wir machen mit ihr ein Treffen aus und nehmen Günther dorthin mit«, schlug Thomas vor, »dann kön-

nen wir die Sache ein Stück weit in die Hand nehmen.
Vorausgesetzt, sie meldet sich.«

Sie hatte aber keine Lust, mit uns Kontakt aufzunehmen, oder, was noch wahrscheinlicher war, sie hatte
unsere Anzeige gar nicht gelesen. Jedenfalls blieb die
Annonce ohne Antwort.
»Schade«, meinte Thomas zehn Tage später, »Günther
hätte es gut getan, wenn was daraus geworden wäre.«
Plötzlich aber kam ihm der rettende Einfall.

Dr. Frühlings liebstes Liebesgedicht

Wärst Du ein Bächlein, ich ein Bach,
So eilt ich dir geschwinde nach.
Und wenn ich dich gefunden hätt'
In deinem Blumenuferbett:
Wie wollt ich mich in dich ergießen
Und ganz mit dir zusammenfließen,
Du vielgeliebtes Mädchen du!
Dann strömten wir bei Nacht und Tage
Vereint in süßem Wellenschlage
Dem Meere zu.

WILHELM BUSCH

7

Es war Thomas' Idee. Er setzte dem Chefredakteur der
»Jungen Frau«, in der er als »Dr. Frühling« Artikel
und Antwortbriefe auf Leserfragen veröffentlichte, so
lange zu, bis der einverstanden war, jede Woche
Dr. Frühlings liebstes Liebesgedicht abzudrucken, schön
eingerahmt, mit Verzierungen und über eine ganze
Seite weg. Thomas und ich wälzten seitdem ständig
Gedichtbände, um die schönsten Liebesgedichte aus-
findig zu machen, ja, manchmal rafften wir uns dazu
auf, selbst zur Feder zu greifen.

»Ich hab' mir überlegt«, rief Thomas, »wie wir Günther helfen können.«

»Wie denn?« fragte ich erstaunt und legte das Gedicht
auf den Schreibtisch.

Ich lief in unsere gemeinsame Küche, wo Thomas am
Tisch lehnte, auf dem sich mal wieder ein Berg unge-
spültes Geschirr stapelte. Meist dauerte es Wochen, bis
wir uns dazu aufraffen konnten, den ganzen Kram gemeinsam in die Badewanne zu tragen und dort intensiv mit dem Duschschlauch abzuspritzen.

»Ich bin prinzipiell dagegen, mich in das Intimleben
und die Kontaktprobleme anderer Leute einzumi-
schen«, erklärte er, »wer was mit wem hat, geht mich
nichts an.«

»Logisch«, sagte ich, »eine andere Auffassung steht
überhaupt nicht zur Diskussion, du bist ja nicht der
Papst.«

»Wenn mich aber ein Freund mehrmals darum bittet,
sei es direkt oder auch etwas verschämt durch Andeutungen, ihm in dieser delikaten Angelegenheit zu hel-

fen, muß ich mein Verhalten überlegen. Und wenn ich dann noch sehe, daß er unter seiner Situation sichtlich leidet, und allein wirklich nicht mehr weiter weiß, sieht die Sache anders aus. Ich meine, wir sollten ihm wirklich unter die Arme greifen. Möglichkeiten gibt es zur Genüge, wie du dich vielleicht erinnerst.«

In der Tat konnte ich mich erinnern. Thomas hatte mich wochenlang mit Fragen und Aufträgen bearbeitet, als er in der »Jungen Frau« einen Fortsetzungsbericht veröffentlicht hatte. *Anbändeln heute – aber wie?* lautete der Titel seiner Serie, und er beleuchtete das Problem von allen Seiten:

Sollen die Männer anfangen, wenn ihnen eine Frau gefällt? Wollen die Frauen die Initiative ergreifen, falls ihnen ein interessantes männliches Exemplar unter die Augen kommt? Wie soll das Ganze ablaufen, damit es möglichst allen Beteiligten Spaß macht und niemanden verletzt?

Über die Möglichkeiten, Leute unterwegs auf der Straße, beim Einkaufen im Laden, beim Stöbern in der Buchhandlung oder beim Meditieren vor Kunstwerken im Museum anzusprechen bis hin zum Besuch eines »Kontaktseminars« brachte Thomas alle nur denkbaren Modelle, wie »Weiblein und Männlein« Kontakt zueinander finden konnten, ausführlich aufs Papier.

Und was unternahmen wir nicht selbst, um die eigene Erfahrung mit einzubringen: Für fünfhundert Mark pro Kopf besuchten wir von Freitagabend bis Sonntagmittag ein besonders feines »Kontaktseminar« im vornehmen Baden-Baden, wo wir höchst plump in die »Kunst des Flirtens« eingeführt wurden. Mich auch noch bei der »Single-Erlebnis-Tour an den Adriastrand« anzumelden, nur weil Thomas angeblich keine Zeit hatte, konnte ich ihm in letzter Sekunde ausreden, weil mein Jahresurlaub längst aufgebraucht war.

Thomas ließ wirklich nichts unversucht, seinem Artikel erschöpfende Informationen beizufügen. Entsprechend gewaltig fielen dann auch die Reaktionen der Leserinnen und Leser aus: Berge von Briefen wurden uns in die Wohnung geschleppt.

Die Männer sollten anfangen, schrieben die älteren, verwitweten oder nicht sehr glücklich verheirateten Frauen, *so sind wir es gewöhnt.*

Es sollte beiden Geschlechtern überlassen bleiben, Kontakte zu knüpfen, meinten die mittelalterlichen Frauen, *wer Lust darauf hat, soll es versuchen.*

Die Männer sind doch keine balzenden Auerhähne, mokierten sich die jüngeren Leserinnen, *wenn ich einen möchte, schleppe ich mir den Kerl schon selber ab.*

Wir und anfangen, nie! schrieben die allerjüngsten Damen. *Wenn die Herren der Schöpfung uns wollen, sollen sie sich gefälligst mit Blumen darum bemühen, so wie sie es früher auch tun mußten – wir sind doch keine gebratenen Hühnchen, die denen gerade so von selbst aufs Tablett flattern!*

So einig waren sich die Frauen über ihre Sehnsüchte und Wünsche, die Herren selbst meldeten sich so gut wie nicht zu Wort. Vielleicht waren sie zu feige oder zu faul, oder die »Junge Frau« wurde wirklich nur von Frauen gelesen. Jedenfalls, wenn es seitdem einen Experten für Kontaktprobleme gab, wer außer Thomas konnte dann gemeint sein?

»Also?« fragte ich, »willst du ihn zu einem Kontaktseminar anmelden?«

»Warum nicht gleich auf eine Single-Erlebnis-Tour zum Kilimandscharo schicken?«

»Im Notfall, wenn alle Stricke reißen, vielleicht. Und vorher?«

»Viel einfacher: Wir bringen ihn mit verschiedenen Frauen, die wir kennen, zusammen. Oder wir laden ihn ins Museum ein. Vielleicht trifft er dort auf Kunstliebhaberinnen.«

»Ich komme mir vor wie Sisyphos.«

»Wieso?«

»Nach der griechischen Mythologie rollte der einen Stein den steilen Abhang hoch, und jedesmal, wenn er endlich oben angelangt war, raste der Brocken wieder zu Tal...«

»Ich hoffe nicht, daß du Recht hast. Aber wir sollten Günther anrufen und ihn für nächsten Freitagabend zu uns einladen. Die Frauen habe ich schon verständigt.«

»Du?«

»Heute mittag. ›Bei uns steigt eine Party‹, habe ich ihnen mitgeteilt. Allseits nur Begeisterung.«

»Hoffentlich auch bei Günther.«

»Rufen wir doch gleich an.«

Günther war sofort einverstanden. Er freute sich auf den Freitagabend.

8

Dr. Frühlings Kontakt-Programm

Das Suchen nach dem richtigen Menschen, der uns durchs Leben begleitet, fällt nicht immer leicht. Traumfrauen und Märchenprinzen laufen uns leider nicht jeden Tag über den Weg. Warten allein genügt daher nicht, wir müssen schon etwas nachhelfen, unser Glück zu realisieren, so schwer uns das auch fallen mag. Wenn es auch ernüchternd klingt – Schritte zur Aufnahme einer Partnerschaft lassen sich einüben, unzählige Menschen haben dies selbst erfahren. Einige Überlegungen auf diesem Weg möchte ich Ihnen hier vermitteln.

Vor der Kontaktsuche

Bevor Sie sich auf die Suche nach dem Ideal-Partner machen, sollten Sie sich darüber im klaren sein, daß es zuallererst an *Ihnen selbst* liegt, ob Sie auf einen Menschen treffen, mit dem Sie wirklich glücklich werden. So paradox es klingt, wichtig ist nicht das Auftauchen eines Märchenprinzen, wichtig ist in erster Linie vielmehr Ihre innere Einstellung zur Welt und ihren Geschöpfen: Gelingt es Ihnen, in sehr vielen Menschen dieses Erdballs ein jeweils einzigartiges Wesen zu erblicken, so werden Ihnen bald viele Traumprinzen über den Weg laufen und romantische Liebeserlebnisse zu Ihrer realen Erfahrung.

Fragen, denen Sie sich in diesem Zusammenhang stellen sollten:

● Beeinflussen Vorurteile meinen Umgang mit anderen Menschen?

- Lasse ich zu, daß meine Laune meinen Alltag prägt?
- Nehme ich mir Zeit, mit anderen Kontakte zu pflegen?
- Muß ich wirklich so viel Geld verdienen oder kann ich nicht auch mit weniger zufrieden leben?
- Prägen Offenheit und Toleranz meinen Umgang mit Menschen?
- Bin ich bereit, für einen Partner Gewohnheiten aufzugeben, die mir bisher etwas wert waren?
- Welche Pläne habe ich für meine Zukunft? Lassen sie sich mit einer Partnerschaft vereinbaren?
- Wie sollte mein Alltag nach meinem Wunsch aussehen? Ist da Raum für einen Partner?
- Wie möchte ich meinen Urlaub, meine Freizeit verbringen? Bin ich bereit, für einen Partner Kompromisse einzugehen?

Versuchen Sie, Antworten auf diese Fragen zu finden und überlegen Sie: Könnte es Ihnen nicht Nutzen bringen, Ihre Einstellung und Ihr Verhalten teilweise zu ändern?

Wo sich Kontakte knüpfen lassen

Bei Freunden

Sehen Sie sich doch mal bei Ihren Freunden um: Da gibt es bestimmt etliche Weiblein und Männlein, die solo sind und gerne im Duett durchs Leben tanzen würden... Laden Sie Leute ein und ermuntern Sie sie, Freundinnen und Freunde mitzubringen, auch wenn Sie die bisher noch nicht kennen. Unternehmen Sie gemeinsame Wanderungen, Städtetouren, Grillfeste, Tanzabende, Theaterbesuche...

Besuchen Sie Vorträge

Besorgen Sie sich ein Programm Ihrer örtlichen Volkshochschule, überfliegen Sie den Veranstaltungskalender Ihrer Lokalzeitung. Besuchen Sie Seminare und Veranstaltungen von Vereinen, politischen Parteien, Gewerkschaften, Kirchen, Umweltschutzgruppen, Akademien...

Frönen Sie einem Hobby, das Ihnen Freude bereitet

Vielleicht treffen Sie auf Menschen, die die gleichen Interessen haben wie Sie!

Wenn es Ihnen Spaß macht, gehen Sie tanzen!

Vielleicht haben Sie nicht den Mut, allein zu gehen – dann laden Sie doch Freunde dazu ein – oder wie wäre es mit einem Kurs in einer Tanzschule, ob für Anfänger oder Fortgeschrittene – mit etwas Glück vermittelt Ihnen die Schule auch einen Partner.

Besuchen Sie Museen und Ausstellungen Ihres Interesses

Vielleicht finden Sie andere Verehrer dieser Künste!

Gehen Sie oft und viel spazieren

Zeigen Sie sich in der Öffentlichkeit, gewöhnen Sie sich an das Leben unter Menschen!

Fahren Sie viel mit Bus und Bahn

Wo sonst haben Menschen in unserer streßgeplagten Epoche noch so viel Zeit, ungezwungen miteinander ins Gespräch zu kommen?

Geben Sie eine Annonce auf oder antworten Sie auf eine Bekanntschafts-Annonce, die Sie anspricht!

Gut formuliert, ist eine Anzeige 10 bis 20 Antworten wert.

9

Der Abend wurde ein voller Erfolg. Wir hatten drei-
einhalb Stunden damit verbracht, unser Geschirr zu
spülen und unsere Wohnung auf Vordermann zu
bringen. Wir schrubbten die Böden, polierten die
Schränke und schüttelten die Betten aus. Im Bücher-
regal blies Thomas den Staub von den Büchern, in
der Diele jagte ich mit dem Sauger über den Teppich.
Udo Lindenberg hatte sich beleidigt in ein Eck ver-
krochen. So viel Aktion hatte er schon lange nicht
mehr erlebt.

»Das Klo hätte es auch mal wieder nötig«, meinte
schließlich Thomas.

»Gut, dann mach dort gleich weiter!«

»Ja, Moment, heute bist du aber an der Reihe!«

»Ich? Wieso? Du hast es vorgeschlagen!«

»Aber du bist dran!«

»Ich habe es letzte Woche geputzt.«

»Du? Ist doch gar nicht wahr! Ich war das!«

»Du?«

»Ja, an dem Tag, als ich glaubte, ich könnte die Frau
mitbringen, die ich am Tag vorher in der S-Bahn ange-
macht hatte.«

»Aha. Ist mir ganz neu.«

»Dann weißt du es jetzt.«

Wir einigten uns schließlich darauf, die Arbeit zu teilen.

Zwanzig Minuten später strahlte alles in neuem Glanz.
Wir hatten die Bürsten und den Schwamm noch in der
Hand, als es läutete.

»Geh du!« sagte ich.

»Ich? Warum?«

Weil Thomas keine Anstalten machte, auf die Glocke zu reagieren, blieb mir nichts anderes übrig.

Nadine stand draußen.

»Hallo!«

»Oh, hallo!«

»Was ist los?«

»Oh, äh, wir erwarten Besuch.«

»Ja gut, ich bin schon da.«

»Nein, wir erwarten wirklich Gäste.«

Udo Lindenberg kam um die Ecke. Als er Nadine erkannte, verzog er sich schnell.

»Ich habe eingekauft«, sagte sie, »und das Essen vorbereitet.«

»Ich habe aber keine Zeit.«

»Darf ich nicht reinkommen?«

»Doch, Entschuldigung.«

Ich führte sie in die Küche.

»Oh, wie sieht es denn bei euch aus?« rief sie überrascht.

Ich verstand zuerst gar nicht.

»Alles so sauber! Habt ihr mal geputzt?«

»Ja, also, schon...«

»Da muß aber ein toller Besuch kommen, wenn ihr euch so anstrengt.«

»Ach so, ja, Günther, unser Freund...«

»Tu doch nicht so«, sagte sie, »das kannst du mir nicht weismachen.«

»Was?«

»Wie heißt denn die Frau, für die ihr so geputzt habt?«

Thomas lugte vorsichtig durch den Türspalt und deutete zu unserer Wohnungstür. Ich nickte, unser mehrfach erprobter Trick.

»Weißt du, was ich alles für unser Essen besorgt habe?«

»Nadine, wir bekommen Besuch«, sagte ich, »und vorher kommt noch ein Kollege vom Finanzamt…«

»Am Wochenende?«

Die Türglocke läutete.

»Gehst du?« rief ich Thomas zu, der an der Tür stand und gerade seine Hand von der Glocke nahm.

»Für dich!« rief er, »dein Kollege vom Amt. Du sollst dich beeilen, sagt er.«

»Okay«, rief ich, verabschiedete mich von Nadine und spurtete aus der Wohnung. Ich schlug die Tür hinter mir zu, rannte die Treppe hoch.

Einen Stock höher stand unsere ältere Nachbarin und reinigte zum xten Mal ihren Fußabtreter. Ich hielt meinen Zeigefinger vor die Lippen, deutete mit der anderen Hand nach unten. Frau Strübermir war sofort informiert.

»Schon wieder eine von diesen aufdringlichen jungen Frauen«, flüsterte sie, »also ihr jungen Männer heute habt es doch wirklich nicht leicht.«

»Ausgerechnet, wo wir heute Besuch erwarten«, erwiderte ich.

»Kommen Sie, Gottlieb«, meinte sie und nahm mich an der Hand, »der Kaffee ist schnell fertig!«

Das war der Preis, den Thomas oder ich für diese Notlösung zahlen mußten. Frau Strübermir war fast den ganzen Tag an ihrer Wohnungstür beschäftigt, so daß sie uns fast jedesmal erwischte, wenn wir uns auf die bewährte Tour unerwünschter Besucher entledigten. Zeigten wir uns nicht sofort einverstanden mit ihrer Einladung, wurde ihre Stimme augenblicklich lauter. Das war natürlich glatte Erpressung, denn wenn unten in unserer Wohnung die Tür aufging, war unsere

Schandtat entlarvt. So kam Frau Strübermir wenigstens alle paar Tage zu einem Kaffeegast. Und wer wollte schließlich so unhöflich sein, einer 75jährigen, sehr resoluten Dame eine Absage zu erteilen! Also ließ ich mich zum Kaffeetrinken einladen.

»Ich kann aber nicht lange bleiben«, erklärte ich, »wir bekommen Besuch.«

Anschließend erzählte ich meiner Gastgeberin alles über Günther und was wir für ihn unternahmen. Frau Strübermir war außer sich vor Freude, in den Schlachtplan eingeweiht zu werden.

»Ach, wenn ich doch nur eine rechte Frau für ihren Günther wüßte, Gottlieb«, erklärte sie mir zehn Minuten nach sieben, als ich mich endlich verabschieden konnte, »ich würde so gerne helfen, eine zu finden.«

»Das klappt schon«, sagte ich, »wir bemühen uns beide.«

»Ich auch«, rief sie mir hinterher, »ich werde die Augen offenhalten, Gottlieb, ganz bestimmt.«

Thomas war mit Udo Lindenberg allein.

»Wo ist der Besuch?« fragte ich.

»Noch niemand da«, antwortete er und schraubte an seiner Energiemaschine herum. Das war sein liebstes Hobby. Hatte er genug von Liebe, Beziehungsproblemen und »Junger Frau«, rannte er in sein Zimmer und bastelte an seinem Wunderwerk weiter.

»Ich glaube, ich habe einen Weg gefunden, unsere Schritte direkt in Energie umzuwandeln. Stell dir vor, das ist die Revolution unserer Energieversorgung. Jede Bewegung, die die Leute in ihrer Wohnung tun, jeder Schritt ein Stromstoß! Du läufst von deinem Fernsehsessel an den Kühlschrank, holst dir eine Flasche Bier und schon hast du allein durch dein Auftreten auf dem Boden den Strom erzeugt, den dein Fernsehgerät benötigt. Das wird das Wunder des 20. Jahrhunderts, glaubst du nicht?« hatte er mir erklärt, als ich damals eingezogen war.

»Das Wunder des ganzen Jahrtausends«, brummte ich müde, um ihn zufriedenzustellen.

»Oder das. Auf jeden Fall brauche ich jetzt deine Hilfe.«

Dummerweise hatte ich gleich am Anfang seinem Drängen nachgegeben. Seither war es üblich, daß ich fast jeden Tag in unserer Diele Laufübungen vollzog, mal schneller, selten langsamer und immer auf der Stelle tretend, um das Band, das er hier in den Boden eingebaut hatte, mit kräftigen Schritten zu beglücken. Er überprüfte derweil die Intensität der Energie, die aus meinen Bewegungen resultierte. Brauchbare Ergebnisse hatten all diese Bemühungen allerdings noch nicht zur Folge gehabt, wenn er auch ständig versicherte, daß er kurz vor dem entscheidenden Durchbruch seiner Arbeit stehe. Allein mein Kreislauf kam in Schwung. Und das war ja auch etwas, immerhin.

10

Zwei Minuten später brachte die Türglocke die Erlösung. Udo Lindenberg machte in der Küche gerade einen Satz auf den Kühlschrank und hechtete über die von uns sorgsam hergerichteten Snacks, um eine Fliege zu erwischen.

»Ist ja kaum mehr wiederzuerkennen, euer Laden«, meinte Nicole, als sie durch unsere Zimmer lief. Zwar hatte Udo Lindenbergs Fliegenfang einige Spuren hinterlassen, doch glänzten Boden und Möbel schon auffallend.

Nicole war eine von Thomas' Verflossenen. Sie freute sich ehrlich über die Einladung.

»Und wer kommt noch alles?«

Zehn nach acht waren wir fast komplett.

»Wenn der Mensch jetzt nicht anbeißt, weiß ich nicht, was wir noch tun sollen«, flüsterte ich Thomas ins Ohr.

Nicole, Anika, Stefanie, Verena, Silke, Kathrin, Michaela, Christine, Maria, Kerstin, Susanne, dazu Thomas und ich. Bis auf Kerstin und Susanne hatten wir alle eingeladen. Michaela hatte die beiden mitgebracht, worüber wir uns sehr freuten, damit war das Angebot an weiblichen Singles noch größer.

»Hoffentlich sind es ihm nicht *zu viele* Frauen«, sagte ich.

Thomas schüttelte den Kopf.

»Das kriegen wir schon hin.«

Wir hatten genügend bevorratet: Wein, Sekt und andere Getränke ebenso wie Snacks. Die Kerzen und die Zündhölzer lagen bereit, Girlanden zogen sich quer durch die Wohnung. In meinem Zimmer lief die neueste Schmuseplatte, mein Bett war zum Kuschelplatz umgebaut. Als es acht schlug, wurde ich langsam nervös.

»Du hast keine Uhrzeit mit ihm ausgemacht?« fragte ich Thomas leise.

»Du hast doch mit ihm geredet.«

»Naja, ich sagte so ab Sieben.«

»Hat er sich eben verspätet.«

»Ist aber völlig abnormal bei ihm.«

Als es halb neun war, hatte die Nervosität auch Thomas erfaßt.

»Ihm wird doch unterwegs nichts passiert sein?«

»Der kommt schon noch«, tröstete ich ihn.

Um neun schlichen wir uns unbemerkt von unseren Besucherinnen zum Telefon.

»Wollt ihr noch jemand einladen?« rief Nicole.

Vor Schreck ließ ich den Hörer wieder fallen.

»Schafft endlich Männer her«, forderte Anika, »was ist denn heute abend los? Wieso sind denn keine Männer da? Soll das so langweilig bleiben?«

Alle weiblichen Augen waren auf uns gerichtet.

»Äh, darf ich darauf hinweisen, daß es sich bei mir durchaus um ein männliches Wesen handelt?« stotterte Thomas.

»Und was für eines!« kommentierte Anika, »und das Prachtexemplar daneben gibt auch nicht viel her.«

Wie erwähnt, es wurde recht lustig an diesem Abend.

»Der einzig Männliche in eurer Wohnung ist Udo Lindenberg«, meinte Nicole, »und der ist nicht aufzutreiben.«

Udo hatte sich des vielen Trubels wegen längst in seine Ecke zurückgezogen.

»Gefällt es euch denn nicht?« fragte ich, »mein Gott, wir haben massenweise Zeug beigeschleift, die Wohnung geschrubbt, uns soviel Mühe gegeben.«

»Tut doch nicht so scheinheilig«, entgegnete Anika, »irgendwas habt ihr zwei vor. Ihr könnt uns doch nicht erzählen, daß es normal ist, so viele Frauen einzuladen, aber nicht einen einzigen interessanten Mann.«

»Danke«, sagte ich, »vielen Dank.«

»Nicht, daß ihr euch einbildet, ich könnte ohne Mann nicht leben – meistens fühle ich mich solo ohnehin wohler – aber ihr zwei führt doch was im Schild...«

Das Telefon befreite uns aus höchster Not. Der erste Ton war noch nicht verklungen, da stürzten Thomas und ich schon aus dem Zimmer. Gleichzeitig erreichten wir den Apparat, griffen nach dem Hörer.

»Ja, wer jetzt? Du oder ich?« keifte Thomas, weil wir uns gegenseitig behinderten.

»Ja?«, rief ich, »was ist?«

Günther war an der Strippe.

»Ich wollte nur...« fing er an, da entlud sich meine ganze Wut.

»Wo bleibst du denn, du Hornochse«, brüllte ich aus voller Kehle, »wir warten seit zwei Stunden auf dich! Was ist los?«

»Es tut mir leid...«

»Wie lange dauert es noch, bis du hier bist?«

»Ja, es ist so...«

Thomas riß mir den Hörer aus der Hand.

»Wann kommst du endlich?« brüllte er.

»Ich habe Besuch«, versuchte Günther zu erklären, »Hannelore und Helmut, ich habe euch schon von ihnen erzählt. Zwei nette Menschen, die in inniger Liebe verbunden...«

»Ist mir jetzt alles gleich«, schrie Thomas, »mich interessieren keine Hannelore und kein Helmut, sondern nur eines: Wie lange dauert es, bis du dein Hinterteil aus dem Sessel schwingst und zu uns herbewegst?«

»Ich meine, ihr solltet Hannelore und Helmut unbedingt kennenlernen«, erklärte Günther, »solche Harmonie...«

»Ist mir völlig egal«, rief Thomas, »wann kommst du?«

»Gerade in unserer an Gefühlen so armen Zeit ist es wichtig, daß zwei Menschen uns ein Licht in unserem dunklen Alltag anzünden und daher habe ich Hannelore und Helmut gebeten, euch morgen zu besuchen...«

»Der redet irgendwas von besuchen«, sagte Thomas und schaute mich mit großen Augen an.

»Ja, soll er doch endlich!«

»Aber mit dieser Hannelore und ihrem Helmut.«

»Ich kapiere gar nichts mehr«, antwortete ich.

»Wann kommst du endlich?« brüllte Thomas, so laut, daß ich mir erschrocken die Hände über die Ohren legte.

»Wie? Ich?« hörte ich Günther erstaunt sagen, als habe er Thomas' Frage zum ersten Mal gehört.

»Wer denn sonst?« tönte es neben mir.

»Wann?«

»Mein Gott, wann?« schrie Thomas, »wenn du jetzt...«

»Jetzt? Aber ich sagte doch, ich habe Besuch.«

»Bist du wahnsinnig?« Thomas' Stimme drohte sich zu überschlagen.

Ich sah, wie die Tür hinter ihm aufging und unsere Besucherinnen, eine nach der anderen, neugierig zu uns hereinspähten und unserem Gespräch lauschten.

Thomas war ganz auf Günther konzentriert.

»Dir fehlt wohl der Verstand!« schrie er, »wir haben die ganze Wohnung voller Weiber, alle nur wegen dir, und die sind schon fast hysterisch, weil außer uns beiden kein Idiot hier ist...«

Als ihm Anika freundlich ins Gesicht lachte, warf er den Hörer wütend auf die Gabel.

»Das also ist euer Geheimnis!« meinte sie, »läuft heute wohl nicht ganz, wie es soll, was?«

Thomas und ich waren die einzigen, die nicht lauthals lachten.

Irgendwann an diesem Abend wurde es doch noch recht lustig. Wir gestanden reuig unseren Plan, wurden mit viel Hohn und Spott bedacht und erhielten gute Ratschläge, wie wir Günther zu Kontakten verhelfen könnten.

»Wenn ihr euch beide samt eurem Freund morgen früh im städtischen Altenheim anmeldet, reservieren die euch bestimmt ein Zimmer, in dem noch drei alleinstehende Omas zu finden sind. Viel Glück!«

Im Verlauf des Abends jedoch vergaßen wir Günther und sein Traumpaar, vor allem, als sich nach und nach fast alle Besucherinnen von uns verabschiedet hatten und gegen zwei Uhr morgens ganz zufällig nur noch Kerstin und Susanne bei uns weilten. Und Kerstin zeigte ausgesprochene Begeisterung, als ich sie mit der Kuschelecke in meinem Zimmer bekannt machte...

Dr. Frühlings liebstes Liebesgericht

Liebe geht durch den Magen

Wenn Sie mit Ihrem Partner ein paar besonders schöne Stunden erleben wollen, dann
bereiten Sie doch zusammen dieses Gericht
vor. Vielleicht schenkt es Ihnen neues Verständnis füreinander...

Mein Vorschlag heute:

Fisch mit Aioli-Soße

Stockfisch in kochendem Wasser garen,
Scheiben hartgekochter Eier dazu. Karotten,
Bohnen, reichlich Sellerie dazu, ebenso Kartoffeln. Champignons mit reichlich Petersilie
25 Minuten kochen, dazu scharfgewürzte
Oliven geben. Dann mit drei Knoblauchzehen, die fein zerdrückt und mit Salz und Eigelb gut verrührt werden, die Soße anrichten.
Unter weiterem Umrühren Olivenöl zufüh-
ren, aber nur langsam. Gewinnt die Soße Fas-
sung, etwas Pfeffer und eventuell Zitronensaft zumengen. Wenn die ganze Mischung
dann gerinnt, etwas Mayonnaise dazugeben
sowie ein weiteres Eigelb. Anschließend mit
dem Fisch und den Pilzen servieren.
Guten Appetit und vertrauensvolle Stunden
miteinander

Ihr Dr. Frühling

_____

11

»Wir sollten Günther drei Tage lang mit dieser anregenden Mahlzeit füttern«, sagte ich am nächsten Abend zu Thomas, »vielleicht entwickelt er dann mehr Interesse für Frauen.«

»Drei Tage würden bei dem nie reichen. Wir müßten schon eine dreiwöchige Kur mit sämtlichen Liebesgerichten durchziehen, die ich bisher empfohlen habe. Selbst dann wäre ich mir nicht sicher, ob es Wirkung zeigt.«

Thomas' jüngste Serie in der »Jungen Frau« hatte bei den Leserinnen große Begeisterung hervorgerufen. Fast jeden Tag trafen neue Briefe ein, die vom erfolgreichen »Einsatz« des empfohlenen Essens kündeten und nach neuen Liebesgerichten verlangten. Thomas und ich waren ständig am Suchen.

»Hilf mir bitte, ein neues Rezept zu finden, aber erwähne den Namen dieses Herrn nicht mehr so schnell«, sagte Thomas, »wann immer er seinen Mund aufmacht, kommt irgendwas von diesem Liebespaar. Wenn er nochmal von ihnen anfängt, werfe ich ihn eigenhändig aus der Wohnung.« Er ließ Udo Lindenberg auf den Boden nieder und lief in sein Zimmer. »Ich muß mich abreagieren«, rief er, »wärst du so lieb, fünf Minuten für mich zu laufen?«

Ich rannte, bis mir der Schweiß runterlief.

»Geht es nicht etwas schneller?«

Die Türglocke war meine Rettung. Ich spurtete zur Tür, öffnete.

»Tag zusammen!« sagte Günther, obwohl ich allein vor ihm stand.

»Du?« hauchte ich, um Atem ringend.

»Was ist mit dir?« fragte er.

»Ich bin gerannt«, erklärte ich, »für...«

Thomas wütende Stimme unterbrach mich.

»Was ist denn? Da kommt überhaupt kein Impuls mehr!«

»Aha«, meinte Günther.

»Du hast wohl Verspätung«, sagte ich zu ihm, »24 Stunden, wie?«

»Verspätung?« fragte er und sah mich mit großen Augen fragend an.

Hinter ihm stiegen eine blonde Frau und ein auffallend großer, breitschultriger Mann die Treppe hoch.

»Wieso sind wir verspätet?« wiederholte Günther, »haben wir denn eine Uhrzeit ausgemacht...«

»Verspätet!« schimpfte der große, ungeschlacht wirkende Mann und blieb neben Günther stehen, »ich habe es doch gleich gesagt, daß wir zu spät sind. Mit dir komme ich nie pünktlich irgendwohin!«

Er schaute die Frau vorwurfsvoll an.

»Übertreib doch nicht so!«

»Wie stehen wir jetzt bei den Leuten da«, fuhr er fort, »sie kennen uns nicht, und schon kommen wir zu spät!«

»Warum kommt denn kein Impuls mehr?« schrie Thomas aus seinem Zimmer.

Die beiden schauten verdutzt.

»Seine Maschine«, erklärte ich.

»Maschine?« fragte die Frau, »was für eine Maschine?«

»Soll er selbst erklären«, entgegnete ich, »ist sein Hobby. Er bastelt Tag und Nacht daran.«

»Dann sind wir doch nicht zu spät«, meinte die kleine, schlanke Frau, »wenn er immer zu tun hat...«

Sie wurde jäh unterbrochen.

»Nicht zu spät? Jetzt ist es zwanzig vor sieben, um fünf wollten wir hier sein. Das nennst du nicht zu spät?« Der Mann sah sie scharf an, schwenkte den Korb, den er in der Hand trug, hin und her. »Mit dir ist es immer dasselbe.«

»Jetzt laß doch, Helmut!« bat die Frau, wurde aber wieder unterbrochen.

»Nichts da! Ich schäme mich vor den Leuten...« Udo Lindenberg kam um die Ecke, gefolgt von Thomas.

»Oh, der Kater!« rief der Mann, »wir werden gleich sehen, wie er reagiert!«

»Worauf?« fragte ich.

Thomas stand neben mir.

»Du hier?« sagte er und starrte überrascht auf Günther, »daß der Herr es überhaupt noch wagt, zu uns zu kommen!«

Günther verstand nicht.

»Wollt ihr uns nicht hereinlassen?«

»Natürlich«, sagte ich, »klar doch.«

Thomas kapierte immer noch nicht, was los war.

»Vielleicht könntest du die Leute mal vorstellen«, meinte ich zu Günther, »es sieht so aus, als seien sie mit dir gekommen.«

Ich lotste sie in unser Wohnzimmer, bat sie, Platz zu nehmen.

»Tu doch nicht so komisch«, meinte Günther, »als ob ich euch noch nichts von ihnen erzählt hätte!«

Dann fiel es mir ein.

»Kann ich annehmen, daß Sie Hannelore und Helmut sind?«

»Ich habe euch doch angekündigt, daß wir kommen« sagte Günther vorwurfsvoll, »wieso fragst du nach den Namen?«

»Wann hast du das angekündigt?«

»Tu doch nicht so unwissend«, antwortete er, »wir haben doch miteinander geredet.«

Ich verstand nicht, was er meinte. Dann betrachtete ich mir unsere Besucher.

Günthers Traumkombination war so um die Fünfzig, die Frau sehr schlank, mit einem schmalen Gesicht und blonden Haaren. Der Herr Gemahl war einen ganzen Kopf größer, eine wuchtige, fast barocke Gestalt mit schütteren Haaren und einer großen Brille. Ihm war um den Leib herum das umso reichlicher gegeben, was ihr fehlte, dafür blitzte in ihren Bewegungen das größere Temperament.

»Wir sind zu spät«, erklärte der Mann, »weil meine Frau unbedingt noch…«

»Ist nicht wahr«, erwiderte sie, »ich kann nichts dafür.«

»Wer denn sonst?«

»Also, ich kann nichts dafür, weil…«

»Du hättest deinem Chef sagen können, daß wir heute…«

Es wurde auf jeden Fall ein sehr unterhaltsamer Abend mit Günthers Traumpaar. Er beschuldigte sie, zu lange im Geschäft geblieben zu sein und überhaupt sei es völlig überflüssig und absoluter Schwachsinn, daß sie arbeiten gehe, sogar samstags! Das hätten sie nicht nötig, er verdiene genug. Und sie bezeichnete sein Geschenk, das er uns mitgebracht hatte, als unmöglich.

»Oggersheimer Kartoffelkuchen, das kannst du doch nicht anbieten. Und dann noch dein Pfälzer Saumagen!«

»Und ob!« erklärte er und entnahm dem Korb eine würzig duftende dunkelbraune Masse, die nur entfernt einem Kuchen ähnelte.

»Habe ich heute morgen selbst gebacken«, meinte er stolz, »aus echten Oggersheimer Kartoffeln! Und der Saumagen stammt von unserem Nachbarn!«

Wir nahmen die Gabe dankbar entgegen, mühten uns, ein besonders scharfes Messer aufzutreiben, um den Kuchen und den Saumagen anzuschneiden.

Udo Lindenberg hielt seine Nase schnuppernd in die Luft, befand dann aber, daß für ihn nichts zu holen sei und verzog sich.

»Wenn ich Sie sehe, erkenne ich Schiller«, sagte die Frau, als wir den Kuchen probierten, »aufs Haar genau!«

Sie deutete auf mich.

»Ich?«

»Unübersehbar!«

»Da weiß ich aber gar nichts von«, meinte ich verlegen, »bisher hat mir davon niemand erzählt.«

»Höchste Zeit, daß ich es tue«, erwiderte sie.

»Schiller ist doch altmodisch«, erklärte der Mann, »wenn du Günthers Freund schon unbedingt mit einem Dichter vergleichen willst, dann tu es doch mit Hemingway!«

»Er sieht aber aus wie Schiller.«

»Wer redet denn heute noch von Schiller?«

»Ich«, erwiderte sie, »erstens war er ein tapferer Kämpfer für die Demokratie, und zweitens übernachtete er nach seiner Flucht aus Stuttgart bei uns in Oggersheim.«

»Das ist doch schon ewig her.«

»Das tut nichts zur Sache. Was Schiller wollte, ist hochaktuell. Wenn ich nur daran denke, wie er als junger Mann in Rudolstadt mit zwei Frauen gleichzeitig zusammenlebte...«

»Das ist nicht hochaktuell, das ist unmoralisch.«

»Ich finde die Idee gut. Wenn ich könnte, würde ich es Schiller gleichtun. Zwar nicht mit zwei Schwestern, wohl aber mit zwei Brüdern...«

»Du?«

In den nächsten Minuten konnten wir uns in Ruhe dem Oggersheimer Kartoffelkuchen und dem Saumagen widmen, weil das Gespräch schlagartig verstummt war. Was immer unser Besucher da zusammengebakken hatte, es schmeckte überraschend gut.

12

Auch wenn unsere Begegnung kein historisches Ereignis war, Spaß hatten wir genug. Nur die Tatsache, daß die netten Besucher eigens für Udo Lindenberg eine Lebensgefährtin mitgebracht hatten, ergab ein gewisses Problem, da Udo die Katzendame eher zerrissen als geliebt hätte.

»Sie sitzt unten im Auto«, meinte Helmut kleinlaut, »schade...«

»Es hat wirklich keinen Sinn«, erklärte Thomas, »ich wollte Udo schon einmal mit einer kleinen Partnerin beglücken. Fragt nicht, wie die beiden danach aussahen!«

»Schade, sie kommt direkt von einem Oggersheimer Bauernhof.«

»Sie wäre bei uns garantiert in der falschen Partei.«

»Wie Rita Süssmuth?« fragte Hannelore.

»Genauso.«

Plötzlich fiel mir die Lösung ein.

»Ich hab's!« rief ich, »her mit ihr!«

Wir eilten zum Auto, ich nahm Rita Süssmuth an mich. So kam Frau Strübermir auf ihre alte Tage zu einer Gesellschafterin.

Nachdem wir die beiden gegen Mitternacht verabschiedet hatten, überzogen Sorgenfalten Günthers Gesicht.

»So sind sie nicht immer«, hauchte er verlegen.

»Was meinst du?« fragte ich.

»Naja, sonst verstehen sie sich besser. Also normalerweise«, antwortete er.

»Denk an Rita Süssmuth und Udo Lindenberg«, erwiderte ich, »und träume weiter von deinem Traumpaar!«

Am nächsten Morgen stand alle halbe Stunde Frau Strübermir vor unserer Tür und berichtete uns von Rita Süssmuths Erkundungen.

»Zuerst zwei Schritte auf dem Sofa vor, dann wieder einen zurück. Dann runter auf den Teppich, anschließend wieder hoch. Danach wieder…«

»Frau Strübermir, hören Sie sie rufen?« fragte ich.

»Oh, ich gehe ja schon wieder«, sagte Frau Strübermir, »Gottlieb, Sie glauben nicht, wie glücklich Sie mich gemacht haben! Aber eines wollte ich Sie doch noch fragen: Meinen Sie nicht, daß es unverschämt ist, wenn wir sie wirklich ›Rita Süssmuth‹ nennen? Sie ist ja so ein schönes Tier, von daher ist es keine Beleidigung für die Frau, aber…«

»Aber wieso denn, Frau Strübermir? Es bleibt doch unter uns, kein Mensch erfährt davon!«

»Da haben Sie auch wieder recht, Gottlieb, und Ihren Udo Lindenbach kennt ja auch niemand.«

»Berg«, sagte ich, »Udo Lindenberg«, aber da war Frau Strübermir bereits verschwunden, die Treppe hoch, wo ihr neuer Schatz auf sie wartete. Und sollte die richtige Frau Süssmuth ihre Namensvetterin je zu Gesicht bekommen, wird sie bestimmt stolz darauf sein, diesem herzig aussehenden Wesen als Taufpatin gedient zu haben.

Mittags gegen Zwölf, wir saßen gerade beim Frühstück, meldete sich Günther.

»Gestern abend war eine Ausnahme«, begann er.

»Das war überhaupt keine Ausnahme. Du hast sie nur zum ersten Mal völlig natürlich erlebt. Sie haben sich nicht getraut, dir noch länger ihr vertrautes Glück vorzuspielen, weil wir dabei waren.«

»Nein, sie waren überarbeitet, vollkommen abgeschafft. Sonst sind sie nicht so...«

Allmählich ging er mir auf den Wecker. Ich beschloß, ihn mit »härteren« Argumenten endlich auf den Boden der Tatsachen zu stellen.

»Du kannst das Problem lösen, indem du deinen Traum von dem Phänomen, das nicht existiert, endlich aufgibst. Das, was du als Liebe bezeichnest, ist nichts weiter als eine Sinnestäuschung, die durch einen chemischen Prozeß im Gehirn hervorgerufen wird, das habe sogar ich schon gelernt. Biologen untersuchten den Vorgang in den letzten Jahren zur Genüge. Verursacher ist ein Stoff mit Namen Phenyläthylamin, sozusagen der Gegenspieler des Adrenalin, das bei Streß unser Blut überschwemmt. Meinst du, verliebt zu sein, produziert dein Körper diese Substanz, und du fühlst dich automatisch sehr wohl. Du empfindest sowas wie Glück und siehst den anderen Menschen wie durch eine rosa Brille an. Das Dumme an der Sache ist nur, daß das Phenyläthylamin dir die korrekte Sicht der Wirklichkeit raubt, so daß du die Realität nicht mehr richtig aufnehmen kannst. Du wärst der Brutalität der Welt voll ausgeliefert, wenn sich dein Körper aus purer Sorge um dein irdisches Wohl nicht weigerte, den Stoff über längere Zeit rauszujagen. Dadurch verhindert er aber auch, daß du dich ständig wohl, wie verliebt, fühlen kannst. Um dem entgegenzuwirken, jagen sich Leute, die sich besonders clever vorkommen, jede Menge Ersatzsubstanzen rein, um dennoch high zu sein.«

»Was sollen das denn für Substanzen sein?«

»Da gibt es unzählige. Am einfachsten zu bekommen ist, du wirst es kaum glauben, zum Beispiel Schokolade.«

»Schokolade?«

»Sie soll das Phenyläthylamin enthalten«, sagte ich, »habe ich jedenfalls bei Dr. Frühling gelesen.«

»Aber nur in kleinen Mengen«, rief Thomas, der unser Gespräch verfolgte, »sonst bräuchten wir das Verliebtsein gar nicht mehr, sondern könnten uns mit Schokolade vollstopfen, um denselben Effekt zu erzielen.«

»Ihr seid geschmacklos«, kommentierte Günther, »das Thema ist mir zu wichtig, um es so billig abzutun.«

»Spiel dich doch nicht so auf!« erwiderte ich, »wer ißt denn jeden Tag Schokolade?«

Günther schwieg betroffen.

»Du bist der beste Beweis für die Entdeckungen der Wissenschaftler. Deine unerfüllten Träume von wahrer Liebe und ähnlichen Märchen erstickst du in Bergen von Schokolade. Und du bist nicht der einzige!«

»So habe ich das noch nie gesehen«, meinte Günther, »glaubst du, das stimmt?«

»Ich fürchte, die Sache mit der Liebe ist viel weniger

romantisch, als du es dir vorstellst. Wenn ich überlege, was ich neulich über die Wirkung von Sexualduftstoffen auch bei Menschen gelesen habe, habe ich meine Zweifel.«

»Was meinst du?« fragte Günther mit schwacher Stimme.

»Daß die Sexuallockstoffe bei Tieren das Paarungsverhalten regeln, hast du schon in der Schule in Biologie gelernt. Die sogenannten Pheromone sind immens wichtig für die Fortpflanzung einzelner Tierarten. So stellten Wissenschaftler fest, daß ein frisch geschlüpftes Schmetterlingsweibchen mit Hilfe ihres Duftes innerhalb weniger Tage mehr als hundert Männchen über zum Teil kilometerweite Entfernungen herbeilockte. Welch hervorragender Wirkungsgrad diesen Pheromonen innewohnt, kannst du auch bei läufigen Hündinnen oder Katzen beobachten. Unzählige Rüden und Kater versammeln sich in diesen Tagen in der Nähe der ›erschnupperten‹ Dame und warten auf ein Rendezvous. Ihre ›Gesänge‹ hört man weithin. Vorgänge dieser Art lassen sich aber auch bei höheren Tieren und sogar bei uns Menschen feststellen.«

»Bei uns Menschen?« fragte Günther überrascht.

»Als Forscher bei Menschenaffen nachwiesen, daß die Männchen Duftstoffe in ihren Achseln absonderten, die ihre Weibchen paarungsbereit werden lassen, stellte man bei den Menschen ähnliche Untersuchungen an. Und siehe da: Die Wissenschaftler kamen zu Ergebnissen, die deine These von der großen Liebe in ein ganz anderes Licht rückt.«

»Wie soll ich das verstehen?«

»Mediziner stellten bei Untersuchungen fest, daß Männer in ihrem Achselschweiß Pheromone wie das Androstenol absondern, das von Frauen aufgespürt wird. Besonders empfänglich für diesen Duft sind Frauen während der Zeit ihres Eisprungs. Um zu ermitteln, ob das Androstenol Frauen in irgendeiner Weise beeinflussen kann, wurden verschiedene Experimente durchgeführt. So sprühten Wissenschaftler im Warteraum eines Arztes einen einzelnen Stuhl mit Androstenol ein. Und was glaubst du, wohin sich ausnahmslos alle Frauen setzten?«

»Doch nicht auf den eingesprühten Stuhl?«

»Genau auf den. Alle, ohne Ausnahme.«

»Das kann nicht wahr sein«, stotterte Günther.

»Der Wissenschaftler zeigte die Abhängigkeit der Frauen von dem Pheromon jedoch noch deutlicher. An bestimmten Tagen verzichtete er nämlich darauf, einen Stuhl einzusprühen. Und in dieser Zeit setzten sich die Frauen irgendwohin, über den ganzen Raum verteilt, je nach Belieben. In einer anderen Untersuchung ließ der Wissenschaftler Frauen durch eine mit Androstenol besprühte Maske Bilder von Männern betrachten, die sie zugleich beurteilen sollten. Alle Frauen waren sich einig: Sie fanden die ihnen vorgelegten männlichen Personen äußerst attraktiv. Verstehst du, was das bedeutet?«

»Hm.«

»Liebe oder das Gefühl, das du so bezeichnest, hängt ein Stück weit davon ab, wieviel und welche Art von Pheromon dein Achselschweiß enthält und welche Frau auf diesen speziellen Geruch am ehesten anspricht. Männer, deren Achseln viel Androstenol ausschwitzen, wirken auf Frauen erotischer, ohne daß die Frauen sagen können, wieso. Sie gelten als besonders männlich, stark, sexy, attraktiv. Frauen ›verlieben‹ sich schneller in sie. ›Verlieben‹, hörst du? Und eine Frau, die einen Mann interessant findet, macht eine körperliche Veränderung durch, ohne etwas davon zu wissen: Die Pupillen ihrer Augen weiten sich nämlich und machen die Frau dadurch für den Mann umso attraktiver. Als man verschiedenen Leuten Bilder ein und derselben Personen zeigte, einmal mit kleinen und dann mit größeren Pupillen, erklärten alle die Photos mit den geweiteten Pupillen als wesentlich anziehender, ohne die größeren Pupillen als Ursache zu erkennen. Umgekehrt gilt das genauso: Auch die Augen von Männern, die sich für eine bestimmte Frau interessieren, bekommen größere Pupillen und lassen so den Mann für die Frau attraktiver werden. Das sind natürliche Reaktionen des Körpers, um bei einem anderen Menschen Interesse für sich zu wecken. Und du nennst das Liebe!«

»Jedes Jahr legst du dir neue Hosen und Hemden zu«, sagte Thomas, »jeden Sommer fährst du woanders hin in Urlaub, alle paar Wochen hörst du andere Musik, sogar deine Möbel wechselst du aus. Die Natur draußen verändert sich ständig – aber das, was du Liebe nennst, soll das ganze Leben halten? Der Mensch, mit dem du diese Liebe verwirklichen willst, soll das ganze Leben an dich gefesselt bleiben? Merkst du nicht, wie diese Vorstellung allen Regeln der Natur und unserer Lebenserfahrung zuwiderläuft?«

»Vielleicht habt ihr Recht«, sagte Günther langsam, »vielleicht ist alles nur ein naiver Traum. Aber wem schade ich, wenn ich meinem Glauben treu bleibe? Wenn ich mir das auch noch nehmen lasse, was bleibt mir dann vom Leben?«

»Ich will dir deinen Traum nicht nehmen«, sagte ich, »im Gegenteil, wir wollen dir helfen, daß deine Hoffnungen auf eine befriedigende Beziehung endlich wahr werden. Aber ich fürchte, dazu mußt du deine

hohen Ansprüche an die wahre Liebe aufgeben und
dich mit weniger begnügen, sonst wirst du bis an dein
Lebensende nur träumen.«
»Also doch aufhören zu träumen?«
Ich wußte nicht mehr weiter, war froh, daß mir Thomas den Hörer aus der Hand nahm.
»Ich habe eine Idee«, sagte er, »hast du diese Woche
schon verplant?«
»Was schon«, meinte Günther, »Arbeit, jeden Tag.«
»Wie wäre es mit einem Besuch im Museum? Du wolltest schon lange mal mit uns in die Staatsgalerie nach
Stuttgart.«
Günther reagierte überraschend schnell.
»Gern. Wann?«
Wir einigten uns auf den Dienstagabend. Und dann
sprang am Montag morgen mein Auto nicht an.
Die Folgen sind bekannt. Ich, der ich Günther wegen
seiner Vorstellungen von der wahren Liebe und der
»Traumfrau« so verspottet hatte, sah *sie* im Stuttgarter
Hauptbahnhof. Und als ich *ihr* im Zug gegenübersaß,
schwebte ich nur noch auf Wolken…

Dr. Frühlings liebstes Liebesgedicht

Strahlend
wie eine Sonnenblume
leuchtend
ich schaue
sehe Dich
und beginne zu lächeln
von den Strahlen angesteckt.

Glück erfüllt mich
taumelnd laufe ich
weit über Felder
fühle mich befreit
und doch gefesselt
von den Strahlen.

KATRIN BÜRMANN

13

Der Besuch der Staatsgalerie geriet mir zum reinen
Pflichtprogramm. Sicher, die Ausstellungsstücke hatten es in sich, gleich, ob man sich für Kunst interessierte oder nicht – vom klassischen Rubens über Cas-
par David Friedrich und Otto Dix bis zum Idol der 80er
Jahre, Joseph Beuys. Nicht umsonst war die Staatsgalerie bei ihrer Eröffnung eine der ganz besonderen
Herzensangelegenheiten des Landes und der Stadt gewesen.

Nichts gegen moderne Kunst und ihre repräsentative
Darstellung, aber mich interessierte an diesem Nachmittag einzig und allein ein bestimmter Zug. Heute
fuhr dieser ohne mich – das war die einzige Assozia-
tion, die die provokativen Schaustücke in mir zu wek-
ken imstande waren.

Morgens schon hatte ich mich genau umgesehen, wer
alles mitfuhr, und bei der Einfahrt des Zuges in Waiblingen war ich zum Fenster gestürmt und hatte meinen Kopf in den kühlen Wind hinausgestreckt, leider
auf der falschen Seite, so daß ich gar nicht erkennen
konnte, ob *sie* auf dem Bahnsteig stand oder nicht. Der
Zug hatte Waiblingen noch nicht verlassen, da stand
ich auf, lief durch alle Wagen und musterte völlig un-
auffällig sämtliche weiblichen Reisenden. Innerhalb
weniger Minuten sah ich so viele hübsche Frauen und
Mädchen wie die letzten zwei Jahre vorher zusammen
nicht.

Wau, dachte ich, wenn das Herr Dr. Frühling wüßte! Er
müßte alle Veröffentlichungen ändern, sämtliche Tips
und Hinweise korrigieren. »Männer, wollt ihr hübsche

Frauen sehen, rein in die Bahn!« Man konnte das natürlich auch umdrehen, denn sicher war das Angebot an attraktiven Männern nicht weniger interessant.

Leider nützte mir das große Angebot weiblicher Schönheit wenig – *sie* war nämlich nicht dabei. Ob ich unterwegs aussteigen und auf den nächsten Zug warten sollte? Nein, ich durfte nicht so spät im Amt erscheinen, weil ich es heute mittag frühzeitig wieder verlassen mußte – schließlich warteten Günther und Thomas.

Wir kämpften uns von Bild zu Bild, von Kunstobjekt zu Kunstobjekt, was immer es sein mochte – mir blieb es ohnehin meist unergründlich –, aber am Abend hatte ich vor allem die eine Erkenntnis gewonnen: In der ganzen wunderbaren Staatsgalerie der Landeshauptstadt Stuttgart gab es nicht halb so viele interessante weibliche Wesen wie in einem völlig normalen Wagen eines völlig normalen Zuges der Deutschen Bundesbahn.

»Und jetzt?« fragte ich, als wir uns erschöpft aus dem postmodernen Gebäude verabschiedeten.

»Wie wär's mit dem nächsten Museum? Stuttgart ist reich an solchen Etablissements.«

»Und ob. Wir können ins Lindenmuseum, ins Rosensteinmuseum, anschließend ins Museum am Löwentor, dann in die Gemäldesammlung im Alten Schloß und zum Schluß noch ins Uhlbacher Weinbaumuseum, wenn dir das lieber ist.«

»Das Bibelmuseum droben in Möhringen hast du vergessen«, fügte Thomas grinsend hinzu.

Günther blieb pragmatisch.

»Das einzige Museum, das mich heute noch interessiert, hat irgendwas mit Essen und Trinken zu tun.«

Wir entschieden uns für das feine Intercity-Restaurant im Hauptbahnhof.

»Gottlieb ist seit gestern totaler Bahn-Fan«, erklärte Thomas, »also müssen wir uns hier niederlassen.«

Dabei war das Essen wirklich so gut, so daß sich die Einkehr hier auf jeden Fall lohnte.

»Bahn-Fan?« fragte Günther.

»Sein Auto ist kaputt«, meinte Thomas zwischen zwei Bissen, »und statt es zu reparieren, fährt der Herr jetzt Bahn.«

Günther schaute mich erstaunt an.

»Jeden Tag?«

»Warum nicht?« erwiderte ich. »Es ist sehr gemütlich.«

»Das ist doch nicht der Grund«, erklärte Thomas, »da steckt was anderes dahinter.«

»Was denn?« fragte ich unschuldig.

»Ich finde es gut«, sagte Günther, »ich brauche auch kein Auto.«

»Ach du! Zu deinen Nonnen kommst du auch zu Fuß.«

14

Mittwochmorgens fuhr ich 20 Minuten später.

Bei der Einfahrt in Waiblingen den Kopf raus, auf der richtigen Seite diesmal – nichts.

Dann durch den Zug, fünf Wagen weit, bis ich auf einen alten Bekannten stieß. Leider. Ich hätte ihn auf den Mond schießen können, mußte aber bei ihm Platz nehmen, weil er unbedingt wichtige Informationen über seine bescheidene Persönlichkeit loswerden mußte.

»... und da sagte der Abteilungsleiter zu mir...«

Ob *sie* irgendwo weiter vorne saß?

»... noch eine Beförderungsstufe höher...«

Irgendwo in den Wagen, in denen ich noch nicht gewesen war?

»... sechshundert Mark mehr... Konnte ich mir diese Möglichkeit einfach entgehen lassen? ... nächstes Jahr bin ich dann der Chef...«

»Toll«, sagte ich, »aber paß auf: Manchmal warten so schöne Überraschungen wie Herzinfarkt, Tod beim Über-die-Straße-Laufen und so. Soll ganz schnell gehen. Schon mal was gehört?«

Ich stand auf, klopfte ihm freundlich auf die Schulter, verabschiedete mich von ihm.

»Weiterhin alles Gute!«

Er stierte mich mit großen Augen an, brachte kein Wort mehr über die Lippen. Ich spürte seinen Blick noch, als ich schon vorne bei der Lok angelangt war. Natürlich erfolglos. *Sie* war nicht im Zug. Nachmittags hielt sich die Glücksgöttin nicht minder von mir fern. Ich stand bereits dreißig Minuten vor Abfahrt des Zuges am Bahnsteig, wimmelte meinen Bekannten von heute morgen, zwei frühere Freundinnen, einen Großcousin, eine Nachbarin samt Kind und Hund und die Großtante eines Schulkameraden mit der Begründung ab, daß ich auf jemanden warte, und stieg erst im letzten Moment, als der Aufsichtsbeamte den Zug abpfiff, in die hinterste Tür.

»Hat wohl nicht geklappt?« empfing mich die Großtante des Mitschülers, der vor fünfzehn Jahren eine Zeitlang dieselben Lehrer wie ich genießen durfte.

Nochmal durch den ganzen Zug zu marschieren, traute ich mich nicht, da ich angesichts der vielen Bekannten ohnehin nicht weit gekommen wäre.

»Es war sicher eine schöne Zeit in der Schule mit meinem Clemens«, meinte die Großtante, »aber dummerweise sind Sie damals sitzengeblieben, und dann mußte jeder seinen eigenen Weg gehen.«

»Sie haben aber ein gutes Gedächtnis«, erklärte ich ihr freundlich, »damals fing für mich ein neues Leben an, weil ich endlich in eine neue Klasse mit netteren Mitschülern kam.«

Zum Glück nahm sie mir mein Kompliment nicht übel.

»Da hatten Sie wohl eine glücklichere Hand als unser Clemens«, meinte sie.

»Ich? Wieso?«

»Na ja, der heiratete während des Studiums eine ehemalige Klassenkameradin.«

Irgendwann hatte ich davon gehört, konnte mich aber nicht mehr an seine Frau erinnern.

»Ja, und jetzt sind sie geschieden.«

»Oh«, sagte ich, »das tut mir leid.«

»Wissen Sie«, fuhr sie fort, »manchmal denke ich, die jungen Leute sind heute irgendwie überfordert. In der Schule werden sie vollgestopft mit allem nötigen und unnötigen Kram, daß sie manchmal gar nicht mehr wissen, wo ihnen der Kopf steht, aber als Frau und als Mann lassen wir sie aufeinander los, ohne daß sie eine Ahnung haben, wie sie miteinander umgehen sollen. Wäre es nicht sinnvoller, sie auch auf das Zusammenleben vorzubereiten?«

Ich starrte die Frau an. Mir war, als lösten sich plötzlich Nebelschwaden auf, die meinen Verstand eingehüllt hatten. So klar hatte mir das noch niemand erklärt.

»Wenn ich zurückdenke, wie es uns ging, meinem Alfred und mir«, sagte sie nach einer Weile, »wir machten es uns am Anfang so schwer, daß ich manchmal fast davongelaufen wäre. Und mein Alfred auch. Nur, weil wir nicht wußten, wie wir uns verhalten sollten. Früher war es aber nicht üblich, den anderen sitzenzulassen, wenn es einem nicht mehr paßte. Und später, als die Kinder kamen, waren wir gezwungen, zusammenzubleiben. Ach, wenn ich so zurückdenke...«

Ich schaute aus dem Fenster, überlegte, daß ich in Waiblingen aussteigen wollte, um nach *ihr* zu sehen.

»Vielleicht, wenn uns jemand darauf vorbereitet hätte, wie wir miteinander umgehen sollen, dann wäre uns mancher Ärger erspart geblieben. So aber...«

»Waren Sie nicht glücklich in Ihrer Ehe?« fragte ich.

Sie blickte hinaus in die vorbeifliegende Landschaft.

»Doch«, sagte sie dann, »was man so glücklich nennt. Es gab schöne Tage und weniger schöne. Mal so und dann wieder anders. Das wird wohl bei allen Leuten gleich sein. Aber heute rennen sie wegen jeder Kleinigkeit auseinander. Die Jungen werden so erzogen: Entweder es klappt und bringt ihnen Vorteile, oder sie lassen es sein und versuchen es gleich darauf wieder mit einem neuen Partner. Manchmal bin ich direkt neidisch, daß die das heute so einfach können. Aber dann denke ich wieder, die laufen zu schnell voneinander weg. Das ist auch nicht gut. Man muß auch einiges auf sich nehmen für den anderen, sonst wird das Leben zu zweit garantiert nichts. Und ob die heute wirklich zufriedener sind?« Sie schaute mich an. »Heute haben sie ganz andere Möglichkeiten. Allein schon die vielen Menschen, die sie kennenlernen – was blieb uns denn früher? In meinem Dorf gab es zwei junge Männer in meinem Alter, und den einen davon habe ich bekommen. Nicht mal den, der mir lieber gewesen wäre.«

»Den anderen hätten Sie lieber gehabt?« fragte ich überrascht.

»Na ja, schon. Er hatte so was an sich, wissen Sie? Das hat mich fasziniert. Aber seine Eltern waren zu arm, ihr Besitz zu klein, also brauchten wir erst gar nicht darüber zu reden. Und mein Alfred kam ungefähr aus demselben Stand wie ich, so einfach war das.«

»Au weh«, sagte ich, »und dann haben Sie geheiratet?«

»Wir sind trotzdem glücklich miteinander geworden – im Lauf der Jahre. Was blieb uns anderes übrig? Wir waren nun mal aneinander gebunden – wozu sollten wir uns quälen? Bis die ersten Sommer vorbei waren, kannte einer den anderen so gut, daß wir genau wußten, was wir tun und was wir unterlassen mußten, um uns das Leben nicht gegenseitig schwer zu machen. Und mit der Zeit hat das ganz gut geklappt.«

»Sie haben keinen Versuch unternommen, den Mann zu bekommen, den Sie eigentlich haben wollten?«

»Was hätte ich tun sollen? Ich durfte meine Sympathie nicht einmal offen zeigen, früher war das nicht erlaubt, jedenfalls nicht bei uns auf dem Dorf. Männer konnten das vielleicht schon, ja, aber Mädchen? Gott bewahre! Aber wie der Zufall so spielt, war ich mit ihm einmal zusammen. Und davon träume ich heute noch.«

»Wo war das?«

»In einem Theaterstück.«

»Hat er Sie eingeladen?«

»Das hätten meine Eltern nicht erlaubt. Nein, im Nachbarort führten sie ein Spiel auf, und zur Hauptprobe am Nachmittag waren die jungen Leute aus der ganzen Umgebung eingeladen. Es war im Winter, deswegen hatten wir Zeit. Wir marschierten alle zusammen ins Nachbardorf, und als wir in der Schule ankamen, dort wurde das Stück aufgeführt, mußten wir uns immer zu zweien in die Schulbänke setzen, da ergab es sich...«

»Aus Zufall.«

»Wirklich nur Zufall. Aber das war auch alles. Meine Eltern fingen damals schon an, davon zu reden, wer als einziger für mich in Frage käme, und da gab es keinen Widerspruch.«

»Wirklich nicht?«

»Ich glaube, sie hätten mich aus dem Haus gejagt. Es war so üblich, daß die Kinder sich nach den Wünschen der Eltern richteten, basta.«

»Hat Ihr Alfred, Ihr Mann, gewußt, daß Sie den anderen lieber geheiratet hätten?«

»Es gibt Dinge, über die man besser schweigt«, sagte sie mit feierlichem Ton, »auch wenn man verheiratet ist. Was hätte es genützt, wenn ich ihm das gesagt hätte? Zur Ehe gehört auch Rücksichtnehmen auf den anderen, das haben heute viele Leute vergessen.«

Bis der Zug in Waiblingen angelangt war, hatte ich eine richtige Lektion in Sachen Eheleben erhalten. Clemens Großtante war eine offene, ehrliche Frau von altem Schrot und Korn, und ich hätte es Thomas gewünscht, sich einmal ausführlich mit ihr zu unterhalten – sozusagen als Kontrast zu all den vielen theoretischen Erkenntnissen der Psychologie, mit denen er sonst konfrontiert war. Es war wirklich schade, daß wir das Gespräch beenden mußten, aber ich wollte unbedingt in Waiblingen aussteigen, um mich nach *ihr* umzusehen.

»Vielleicht sehen wir uns mal wieder«, sagte ich und bedankte mich für die nette Unterhaltung.

»Hoffentlich. Fahren Sie doch öfter mit«, antwortete sie, »wissen Sie, ich bin so oft im Zug unterwegs, da erlebe ich jedesmal was Neues. Und Zugfahren ist die beste Medizin gegen Depressionen! Das sollten viel mehr Leute wissen.«

Sie winkte mir noch nach, als ich schon die Treppe hinunterlief.

Ich musterte die Fahrgäste, die ausgestiegen waren, blieb auf dem Bahnhofsvorplatz stehen.

Sie war nirgendwo zu sehen.

Ratlos lief ich am Bahnhofsgebäude entlang, schob die Glastür zurück und schaute in den kleinen Warteraum, in dem sich der Fahrkartenschalter befand. Der Raum war leer, an den Wänden kündeten farbige Plakate von den Vorteilen des Bahnfahrens. Ich lief zu den Prospekten, die über Sondertouren informierten, zog mir gedankenverloren zwei, drei Blätter vor und schaute ins Innere des Fahrkartenschalters. Ein Beamter stand hinter der Scheibe, den Telefonhörer am Ohr und – *ihr* Buch in der Hand.

Mein Gott, das war es – *ihr* Buch, in dem *sie* gelesen hatte, ich erkannte es sofort. Roter Umschlag, relativ dünn, großes Format, gelbliches Papier.

Der Bahnbeamte gab am Telefon irgendeine Auskunft, indem er in dem Buch hin- und herblätterte, und dann fiel es mir wie Schuppen von den Augen.

Stuttgart-Straßburg hatte ich entziffern können und *Paris-Straßburg-Stuttgart.*

Ich lief zum Schalter, deutete auf das Buch.

Der Beamte hatte sein Gespräch beendet, nickte mir zu.

»Können Sie mir dieses Buch verkaufen?« fragte ich.

»Das Auslandskursbuch?«

Ich nickte.

»Gern. Kostet zehn Mark.«

Er ging in einen anderen Raum, brachte ein neues Exemplar.

Ich zahlte, nahm das Buch entgegen.

»Entschuldigen Sie bitte«, sagte ich, »was für Leute kaufen sich denn dieses Auslandskursbuch?«

»Was für Leute?«

Er schaute mich fragend an.

»Wie meinen Sie das?«

»Na ja, ich möchte nur wissen, wer so im allgemeinen das Auslandskursbuch kauft.«

»Das sind völlig verschiedene Kunden. Geschäftsleute, die mit der Bahn oft im Ausland unterwegs sind, aber auch Private, die in Urlaub fahren.«

»Haben Sie schon viele davon verkauft?«

»Na ja, die gibt es jedes Jahr neu«, sagte er, »daher hört das nie auf. Es sind aber nicht allzuviele, die wir hier verkaufen, vielleicht 20, 30 im Jahr. Sie bekommen das Buch ja in jedem Bahnhof. Warum fragen Sie?«

Ich schaute ihn verlegen an.

»Ach, wissen Sie«, erklärte ich ihm dann, »ich suche eine Frau und weiß nur, daß sie dieses Auslandskursbuch besitzt.«

»Sie kennen die Frau?«

»Na ja, was heißt, vom Aussehen halt, das ist ja das Dumme. Sonst eben nicht.«

»Und wie sieht sie aus?«

»Wie sie aussieht?«

»Ja, vielleicht hat sie das Buch bei uns gekauft und ich kenne sie. Wenn sie eine gute Kundin von uns ist.«

»Oh«, sagte ich und dachte, das ist die Chance.

»Sie hat mittelblonde glatte Haare, so etwa bis zur Schulter. Ihr Gesicht ist sehr schmal, ihre Haut gebräunt. Die Augen sind das auffallendste an ihr, sehr groß, mit intensivem Blick, wenn Sie verstehen, was ich meine. Und sie hat eine Stupsnase.«

Der Beamte nickte, notierte nebenher etwas mit einem Stift auf ein Papier.

»Hat sie eine Brille?« fragte er.

»Nicht daß ich wüßte, zum Lesen hat sie jedenfalls keine gebraucht.«

»Und die Augen? Beschreiben Sie nochmal, was so auffallend an ihnen ist.«

»Sie sind auffallend groß, von intensiver Farbe, dunkel. Es wirkt, als leuchteten sie auf, wenn sie sich umschaut. Ihr Blick ist so intensiv, daß ihre Augen das ganze Gesicht dominieren.«

»Wie ist der Mund?« fragte er, »und die Haare über der Stirn? Pony?«

»Der Mund?«

Ich schaute ihn überrascht an.

»Sie wollen es aber genau wissen! Kennen Sie sie etwa?«

»Ich glaube nicht«, sagte er, »aber erklären Sie mir doch ihre Mundpartie und ihre Haare. Pony?«

»Nein, kein Pony. Die Haare ziehen von ihrem Scheitel zur Seite.«

»Mittelscheitel?«

»Hm, ich glaube, ja.«

»Und der Mund? Breit oder schmal?«

»Eher schmal«, sagte ich, »warum wollen Sie es so genau wissen?«

Er gab keine Antwort, legte nur das Papier, das er die ganze Zeit beschriftet hatte, vorne an die Scheibe und deutete darauf.

»Ist der Mund so?« fragte er dann.

Ich schaute durch die Glasscheibe und erstarrte.

Ihr Gesicht lag vor mir – fast lebendig.

»Mein Gott, das ist sie ja!« schrie ich voller Freude, »woher kennen Sie sie denn?«

Er vervollständigte die Zeichnung mit wenigen Strichen, hielt mir das Blatt durch die kleine Öffnung direkt vors Gesicht.

»Zufrieden?« fragte er.

»Genau!« rief ich, »ganz genau! Das ist ja unglaublich. Die Haare etwas länger, nur wenig mehr, ja, so. Genau. Und die Nase ein klein bißchen breiter, ja, so. Woher kennen Sie sie?«

»Ich kenne sie nicht.«

»Aber...«

»Ich habe sie nur nach Ihren Angaben gezeichnet. So wie Sie sie beschrieben haben. Mein Hobby, wissen Sie!«

»Unglaublich«, rief ich, »das ist kaum zu fassen! Sie kennen sie wirklich nicht?«

Er reichte mir das Papier durch die Schalteröffnung.

»Ich würde Ihnen gern helfen! Aber es tut mir leid, ich kann mich nicht erinnern, sie gesehen zu haben. Ich werde meinen Kollegen fragen, morgen, wenn ich ihn ablöse, vielleicht kennt er sie.«

Ich konnte meine Augen kaum vom Anblick des Bildes abwenden.

»Ich glaube, Ihnen liegt sehr viel an der Frau?« fragte der Mann.

»Hm, äh, schon, ja«, stotterte ich, »es ist so, daß ich sie eigentlich gar nicht kenne. Ich habe sie im Zug kennengelernt und mich mit ihr unterhalten.«

»Im Zug?«

Der Beamte lachte.

»Ja, ja, die gute alte Bahn. Sie glauben gar nicht, wie viele Leute sich da schon kennengelernt haben.«

»Sie reden aus Erfahrung?«

»An meiner Ehe trägt die Bahn die alleinige Verantwortung. Der legendäre Eilzug von Konstanz nach Wiesbaden über die Schwarzwaldbahn. Ich hatte das Tramper-Monats-Ticket in der Tasche, mit dem junge Leute für 300 Mark einen vollen Monat in ganz Deutschland umherreisen können. Unterwegs lernte ich meine Frau kennen.«

»Dann hat Ihnen die Bahn Glück gebracht.«

»Ich habe es noch nie bereut«, meinte er, »und Ihnen wird es auch gelingen. Wir werden die Frau schon finden.«

»Sie sind sehr freundlich. Ich weiß gar nicht, wie ich mich bei Ihnen bedanken kann.«

Die Tür hinter mir knarrte, zwei Kunden kamen zum Schalter.

»Wissen Sie was«, schlug mir der Mann vor, »machen Sie sich in der Stadt eine Kopie von der Zeichnung und bringen Sie mir die wieder her, damit sich mein Kollege auch nach der Frau umsehen kann. Wenn sie je auftauchen sollte, werden wir Sie benachrichtigen. Und dann sollten Sie uns Ihre Adresse hier lassen, für alle Fälle.«

Ich bedankte mich bei ihm, versprach, mich wieder sehen zu lassen und lief in die Stadt. Zehn Minuten vom Bahnhof entfernt fand ich ein Geschäft mit einem Kopiergerät. Ich machte fünf Abzüge, bezahlte an der Kasse.

»Oh, die ist aber hübsch«, sagte die Verkäuferin, eine ältere Dame.

»Finden Sie?«

»Die kommt mir bekannt vor«, meinte ihre Kollegin, die das Bild betrachtete, »oder ist es ein Phantasiegemälde?«

»Nein«, sagte ich heftig, »sie lebt wirklich. Und Sie kennen sie?«

»Ich glaube, sie war schon bei uns im Laden. Wo wohnt sie denn?«

»Wenn ich das wüßte«, sagte ich, »ich suche sie selbst.«

»Sie suchen sie? Wie ist denn der Name der Frau?« Die beiden Verkäuferinnen schauten interessiert.

»Ich weiß es nicht, ich kenne sie nur vom Sehen und ich habe keine Ahnung, wie und wo ich sie finden kann.«

»Sie suchen die junge Frau?«

Meinen Gesprächspartnerinnen stand die Neugierde im Gesicht.

»Ich möchte sie gern wiedersehen, mit ihr reden.«

»Das ist ja wunderbar! Dann suchen wir sie gemeinsam! Wir hängen das Bild bei uns ins Schaufenster, legen ein zweites Exemplar neben die Kasse und heften eine Suchmeldung dazu. Wäre doch gelacht, wenn wir sie nicht finden!«

»Das würden Sie wirklich tun?« fragte ich überrascht.

»Warum denn nicht? Ist doch schön, wenn sich ein junger Mann heute noch um eine Frau bemüht und nicht nur um sein neues Auto! Da müssen wir doch helfen, wenn wir können. Ich war auch einmal jung. Wissen Sie, ich wäre froh gewesen, wenn sich ein junger Mann so um mich bemüht hätte.«

»Ach, Frieda, sei ruhig«, kommentierte ihre Kollegin, »die Zeiten sind für uns vorbei.«

»Genau deswegen müssen wir helfen! Damit es der jungen Frau besser geht als uns!«

Sie nahm eine Kopie, vervielfältigte sie zweimal und befestigte sie an der Kasse und am Schaufenster gleich neben dem Eingang.

»Wir finden das Fräulein«, hörte ich zwei Stimmen hinter mir rufen, als ich den Laden verließ, »nur nicht den Kopf hängen lassen!«

Als ich dem Beamten im Bahnhof von der Hilfsbereitschaft der Frauen berichtete, nahm er eine Kopie und klebte sie an die Scheibe neben der kleinen Öffnung. »Was die können, läuft bei uns sowieso«, erklärte er, »ich bin gespannt, wer die Frau zuerst findet, die oder wir.«

Dr. Frühlings liebstes Liebesgedicht

Laß ihn

Er ist verliebt, laß ihn gewähren,
Bekümmre dich um dein Pläsier,
Und kommst du gar, ihn zu bekehren,
Wirft er dich sicher vor die Tür.

Mit Gründen ist da nichts zu machen.
Was einer mag, ist seine Sach,
Denn kurz gesagt: In Herzenssachen
Geht jeder seiner Nase nach.

WILHELM BUSCH

15

Als ich nach Hause kam, war die gesamte Küche mit
Zeitungen ausgelegt. Thomas kniete mittendrin, über
ein großes Blatt gebeugt und lachte.

»Einsamer Mensch sucht einsame Menschin zum gemeinsamen Zeitvertreib. Hast Du Lust?« las er vor.

»Was soll das?«

»Bekanntschaftsannoncen.«

»Wozu?«

»Willst du nochmal ins Museum und dir die Beine in
den Leib stehen? Ich will Günther helfen, deshalb war
ich am Bahnhofskiosk.«

»Du willst für ihn eine Annonce aufgeben?« fragte ich
und legte meine Tasche auf den Tisch neben das
schmutzige Geschirr und Udo Lindenberg, der sich das
seltsame Geschchen aus sicherer Höhe betrachtete.

»Grau in Grau kann Frau alleine leben«, las Thomas,
»suche einen Mann als Farbtupfer in meinen Alltag.«
Er sah zu mir auf.

»Das ist doch die einzige Möglichkeit, ihm Frauen zu
vermitteln, die wirklich eine Partnerschaft suchen.
Wir müssen ihnen schonend beibringen, wie zurück-
haltend der Mensch ist, damit sie ihn von Anfang an
richtig einschätzen. Fragt sich nur, wie wir die Anzeige
formulieren, um auch genau die Frauen anzusprechen, die zu ihm passen und auf seiner Wellenlänge
schwimmen.«

»Hast du keine Angst, daß wir auf diesem Weg nur auf
Sitzengebliebene, Problembeladene und scheue
Mauerblümchen treffen? Ich meine, weil das alte Vor-
urteil dies noch immer von den Leuten behauptet, die

Heiratsannoncen aufgeben und beantworten? Zumindest könnte es doch sein, wenn ich es sehr wohlwollend ausdrücke, daß sich vor allem Kontaktscheue auf diesem Weg einander nähern wollen oder vielleicht auch besonders empfindsame Leute – und ob das gerade die Richtigen für Günther sind?«

»Kann schon sein, daß auch Mauerblümchen darunter sind, aber das sind doch Minderheiten! Wichtig ist, daß wir die Anzeige so gut formulieren, daß wir möglichst viele Frauen ansprechen und Günthers Interessen dabei deutlich zum Ausdruck kommen. Deshalb habe ich die Zeitungen besorgt«, sagte Thomas und zeigte auf den Boden, »du brauchst sie nur zu lesen.«

»Also gut. Dann gib mir ein paar Seiten.«

Er sammelte mehrere Blätter, reichte sie mir. Ich nahm sie zur Hand, überflog sie. Ein bunter Reigen unterschiedlichster Erwartungen tat sich vor mir auf.

Suche nette, vollbusige Sie zum Knuddeln, Schmusen und und und...

Süße Prinzessin mit Teufelsherz gesucht! Der Frühling beginnt, die Sonne lacht, nur die Frau dazu fehlt...

Habe es satt, allein zu frühstücken, ganz zu schweigen davon, daß es mir stinkt, abends allein ins Bett zu gehen...

Mit Liebe geht alles, ohne Liebe ist alles nichts. Romantischer Er sucht Sie zum Träumen und gemeinsamen Leben. Zärtlichkeit ist mir wichtiger als purer Sex...

Teneriffa kennenlernen mit seinen Bergen und Stränden und mich gleich dazu – willst Du das? Dann komm gleich per Brief zu mir...

Für die Welt sind Sie vielleicht nur irgendjemand, für mich aber bedeuten Sie die ganze Welt!

Ob die vielen Wünsche wirklich ihr Echo fanden? Und wenn wir für Günther eine passende Frau finden wollten, wie sollten wir unsere Anzeige formulieren? »Normal« wie so viele andere oder ausgefallen und auffallend, anders als die restlichen Annoncen? Wir stritten uns bis Mitternacht.

»Du erinnerst dich daran, was Andreas erzählte?«

»Allerdings. Glaubst du, ich werde das je vergessen?«

Andreas hatte zusammen mit Thomas studiert, später dann auf Theologie umgesattelt. Trotz seines von wechselnden Frauenbekanntschaften geprägten Lebenswandels hatte er sich dazu berufen gefühlt, Pfarrer zu werden. Da kaum eine seiner Beziehungen länger als ein halbes Jahr anhielt, war er inzwischen darauf verfallen, den Weg der Bekanntschaftsannoncen zu wählen, um sich dezent und für seine Gemeindemitglieder unbemerkt nach immer neuen Partnerinnen umsehen zu können. Im Laufe der letzten Jahre hatte er die verschiedenartigsten Anzeigentexte formuliert und in unzähligen Zeitungen annonciert – mit unterschiedlichem Erfolg. Mal erreichten ihn Berge von Zuschriften, mal antworteten nur eine Handvoll Frauen. Er war aus eigener Erfahrung regelrecht zum Anzeigen-Profi geworden und diente Thomas bei jedem Artikel zu dieser Thematik als wichtiger Informant.

Andreas hatte die Erfahrung gemacht, daß es einerseits wichtig war, einen außergewöhnlichen und auffälligen Anfang für den Text zu wählen, um damit den locker über die ganze Seite streifenden Blick der Leserinnen zu fesseln und auf die eigene Annonce zu konzentrieren und dann Formulierungen anzuschließen, in denen prägnant, aber auch atmosphärisch stimmungsvoll die wichtigsten Eigenschaften der Inserenten dargelegt wurden. Stimmungsvoll deswegen, weil der Text unbedingt auch die Emotionen der Leserinnen ansprechen sollte – schließlich wurde hier nicht irgendeine Ware, sondern ein lebendiger, nach Liebe suchender Mensch in wenigen Sätzen dargestellt.

Lieber etwas mehr Geld investieren und auch die Abkürzungen ausschreiben, hatte Andreas zudem erklärt, das bringt mehr »Atmosphäre« und zeigt auch schon vom Äußeren her, daß du bereit bist, in dieser wichtigen Angelegenheit zu investieren und daß dir deine Partnerin etwas wert ist – zumindest symbolisch.

»Wenn ich Andreas' Erfahrungen in unsere Überlegungen einbeziehe«, sagte ich, »ist es vor allem wichtig, daß wir in unserem Text keine Klischees benutzen und nicht in hohle, nichtssagende Phrasen verfallen. Nur nicht eine dieser vielen 08/15-Formulierungen vom lieben guten Menschen verwenden, der nach einer ebensolchen Partnerin sucht und nicht weiß, ob diese Traumfrau existiert. Die Schablonen vom toleranten, sportlichen, phantasievollen, junggebliebenen, humorvollen, gut aussehenden jungen Mann, der die Dame mit Herzensbildung und treuem, liebem, romantischem Wesen sucht, passen auf alle und keinen und sagen im Prinzip überhaupt nichts. Da kann jede Frau antworten, gleich, welche Einstellung und welcher Charakter sie prägen. Wer würde denn allen Ernstes von sich behaupten, er sei nicht tolerant, nicht humorvoll oder nicht junggeblieben? Bevor wir auf diese Klischees verfallen, können wir gleich ganz einfach annoncieren: Mann sucht Frau.«

»Wir sind uns vollkommen einig«, meinte Thomas, »lieber eine etwas teurere, aber ausführlich und präzise formulierte Anzeige als so ein schablonenreicher

08 / 15-Schnellschuß. Das ist ja gerade der große Vorteil des Kennenlernens per Annonce, daß die Interessen und der Charakter des potentiellen Partners von Anfang an offenliegen. Fragt sich nur, welche Informationen über Günther in unserem Text enthalten sein sollten und ob wir beide fähig sind, diese korrekt zu beurteilen.

»Wieso nicht? Wir müssen es nur versuchen.«

Um zwei nachts beendete ich den Versuch.

»Ich bin ein normaler Werktätiger, falls dir das entgangen sein sollte«, brummte ich und legte mich ins Bett.

Irgendwann mitten in der Nacht spürte ich Thomas' heftiges Rütteln. Ich starrte in die gleißend hellen Lampen der Deckenbeleuchtung, hörte seine aufgeregte Stimme.

»Du, Gottlieb, das ist es. Die bringt's! Garantiert!«

Dann las er mir irgendeinen Text vor, den ich vor lauter Müdigkeit nicht verstand. Ich gähnte, sah mit zusammengekniffenen Augen auf meinen Teppich, auf dem sich Udo Lindenberg gerade entnervt streckte.

»Was ist denn los?« brummte ich, »kann ich nicht mal in Ruhe...«

»Hier«, sagte Thomas und streckte mir ein Papier entgegen, »lies doch mal! Die ist es! Garantiert!«

Ich wischte mir den Schlaf aus den Augen, versuchte, seine Handschrift zu entziffern.

»Das kann ja kein Mensch lesen«, murrte ich, aber dann blieb mir der Protest im Hals stecken. Denn so müde und wütend über die nächtliche Störung ich auch war, merkte ich dennoch, daß er genau das richtige geschrieben hatte. Ganz genau, so mußte der Text lauten.

»Spitze«, rief ich, »die wird reinhauen! Und wie!«

Dr. Frühlings liebstes Liebesgericht

Wenn Sie mit Ihrem oder Ihrer Liebsten wieder einmal so richtig lieb sein wollen, versuchen Sie doch dieses wohlbekannte Gericht…

Zucchini-Tomaten-Rouladen mit Rinderfilet

Zutaten: Ca. 500 g Kartoffeln, Schnittlauch, Petersilie, reichlich Pfeffer, 2 Zucchini, 5 Tomaten, 2 Rinderfiletsteaks, Salz, Öl, 1 Aubergine, Faden.

Die Kartoffeln kochen, schälen, zerstampfen. In die Kartoffelmasse Schnittlauch und Petersilie zugeben, zwei Tomaten kleinschneiden und ebenfalls zufügen, dann vermischen (Salz zugeben). Dann die Zucchini und die Aubergine zerteilen und liegenlassen, bis sie Wasser abgegeben haben (ca. 10 Minuten). Die Aubergine beim Zerteilen mit Salz bestreuen, um sie milder abzuschmecken. Später das Wasser und das Salz entfernen. Anschließend die Zucchini- und Auberginenteile in Rouladenform zusammenlegen und mit der Kartoffelmasse füllen, mit Faden festbinden und in die heiße Pfanne legen. In einer anderen Pfanne die Steaks anbraten (vorher gut pfeffern) und dann gemeinsam mit den Rouladen servieren. Über die Rouladen den Rest der Tomaten kleingeschnitten zugeben und mit reichlich Petersilie und Schnittlauch abdecken.

Guten Appetit und reizvolle Stunden wünscht

Ihr Dr. Frühling

17

Am Wochenende war die Anzeige in der »Sonntag aktuell«, die wir ihrer weiten Verbreitung wegen bevorzugt hatten. Andächtig starrten wir auf den Text.

HILFE, ICH SUCHE EINE FRAU!

Ja, Dich meine ich, junge Frau! Ich sehne mich nach Dir, voller Liebe und Zärtlichkeit! Ich bin ein etwas zurückgezogen lebender Gärtner, 32, mit großer Liebe zur Natur, intensivem Interesse an Philosophie, Literatur und Kunst, nachdenklich und ruhig und suche eine Frau, der es mehr aufs Innere als aufs Äußere ankommt. Ich bin 1,78 m groß, Nichtraucher, 75 kg schwer, schlank. Ich freue mich auf Deine Zuschrift. Schenke mir ein Lebenszeichen, ich brauche Dich, ohne Dich will ich nicht länger leben!

DICH SUCHE ICH — KOMM ZU MIR!

Nächste Woche rennen die Frauen Günther das Kloster ein, überlegte ich. Der wird Augen machen!
Dann schauten wir nochmals in die Zeitung und wurden etwas ruhiger. Die ganze Seite war voller Bekanntschafts- und Heiratsannoncen und die Hälfte der Rückseite ebenfalls.
»Ganz schön Konkurrenz, was?«
»Ob die unsere Anzeige überhaupt lesen?«
Uns schwand die Zuversicht.
»Wir werden sehen«, sagte ich, »jetzt können wir nur abwarten.«

»Am besten, wir fahren gleich zu Günther.«

»Wozu?«

»Wir müssen ihn photographieren, damit wir den Frauen Bilder von ihm präsentieren können, wenn wir uns mit ihnen treffen.«

»Also gut, fahren wir. Der Mensch ist auf jeden Fall irgendwo in seinem Kloster zu finden. Wir müssen nur aufpassen, daß er nichts merkt.«

»Das laß meine Sorge sein! Der Kandidat wird heute mittag druckreif abgelichtet.«

Als wir im Kloster angekommen waren, fanden wir Günther dreckverschmiert im Garten, Schaufel und Spaten neben sich, Salatsetzlinge in der Hand.

»Wie geht's?« fragte Thomas, die Finger auf dem Auslöser des Photos.

Als Günther aufblickte, machte es »klick«.

»Was wollt ihr denn hier?« schnaufte er, »heute habe ich keine Zeit. Ich muß bis in die Nacht hinein pflanzen!«

»Wenn Besuch kommt, gebietet es die Höflichkeit, den Besuch zu bewirten und ihn freundlichst zu begrüßen. Außerdem ist heute Sonntag, da wird nicht gearbeitet.«

»Besuch«, schnaubte Günther, »wenn ihr zwei hier auftaucht, machen alle Schwestern das Kreuz!«

Das war sehr schmeichelhaft, entsprach aber wohl der Wahrheit, da wir immer bemüht waren, etwas mehr Leben und Freude ins Kloster zu bringen. Einmal, im Sommer, hatten wir kurz nach Mitternacht ein hübsches bengalisches Feuerwerk abgebrannt, ein anderes Mal zwei kleine Fässer Bier den Berg hochgeschleift, was dann nach erfrischendem Genuß nicht ohne akustische Folgen geblieben war. Aber beim nächsten Besuch hatten wir die Oberin mit einem großen Blumenstrauß beglückt und ihr zwei Monate später ein prächtiges Photo vom Kloster und seiner Umgebung, auf fast einen halben Meter vergrößert, überreicht, worauf sie uns spontan und völlig unklösterlich an sich gedrückt hatte. Jedenfalls waren wir bisher im Kloster immer für erfrischende Abwechslung gut gewesen. Und daß unser unkonventionelles Auftreten Günther etwas geschadet hatte, konnte nur ein Berufspessimist vermuten. Also bestanden wir darauf, daß er seine Arbeit bald beendete. Thomas schoß so viele Photos wie sein Film hergab. Zuerst Günther bei der Arbeit, verschwitzt und mit Spuren von Gartenerde, danach Günther frisch geduscht, aber mit nassen, später vom Fön zerzausten Haaren.

»Sind nicht gerade das Gelbe vom Ei«, meinte ich später, als Thomas mir die entwickelten Bilder zeigte, »die machen ihn kaum anziehend und attraktiv.«
»Ich muß nachschauen, ob ich noch alte Photos von ihm habe, vielleicht sind die besser.«
Und in der Tat kramte er Bilder aus seinem Schrank, die etliche Jahre alt waren und auf denen Günther im Vergleich zu heute mit überraschend jugendlich-frischen Gesichtszügen und einer unglaublich schlanken, sportlichen Figur aufwartete.
»Die können wir aber nicht mehr nehmen«, stellte ich fest, »die zeigen einen anderen Menschen als den, der die Kandidatinnen in Natura erwartet.«
»Richtig«, erklärte Thomas, »da fehlt sein Bierbauch, den er nach acht Jahren Klosterleben vor sich herschiebt, genauso wie die Falten im Gesicht.«
Also schieden die alten Photos fairerweise aus. Wir wollten keine falschen Tatsachen vortäuschen. Schließlich waren wir reelle Leute.

Dr. Frühlings liebstes Liebesgedicht

Für Dich

Jeder Sonnenstrahl
der Dich erwärmt
soll auch mich erfreuen

Jeder Windhauch
der Dich erfrischt
soll auch mich beglücken

Jede Blume
die Dir zulacht
soll auch mich aufmuntern

Jeden Schritt
den Du gehst
möchte ich bei Dir sein.

GOTTLIEB GUTMANN

18

Montagmittag rief ich vom Finanzamt zu Hause an.

»Schon was da?«

»Was?« fragte Thomas.

»Was wohl? Antworten auf die Anzeige natürlich!«

»Mein Gott!« stöhnte Thomas. »Hast du sonst keine Sorgen? Am Sonntag war die Annonce in der Zeitung. Bis da eine Frau reagiert und überlegt, ob sie schreibt, ist es Montag. Gibt sie den Brief zur Post und läßt ihn zur Zeitung bringen, schreiben wir Dienstag. Die sammelt dann…«

»Ist schon gut«, sagte ich, »warten wir bis morgen!«

Dienstags lag ebenfalls noch nichts vor.

Thomas schimpfte, als ich ihn mittags anrief.

»Was glaubst du? Meinst du, die warten nur auf uns?«

»Ist okay«, erklärte ich, »vielleicht morgen…«

»Es gibt aber eine andere Überraschung«, sagte Thomas.

»Eine Überraschung?« fragte ich und dachte sofort an *sie*. Dreimal schon hatte ich in der Zwischenzeit in Waiblingen nach ihr gefragt – jedesmal mit traurigem Bedauern von Seiten des Bahnbeamten und der Verkäuferinnen.

»Ist schon seltsam«, hatten mir die Frauen erklärt, »als wäre sie vom Erdboden verschwunden.«

Ich war so enttäuscht, daß ich es bald nicht mehr wagte, in Waiblingen auszusteigen und nach *ihr* zu fragen. Es hatte ja doch keinen Sinn.

Und jetzt redete Thomas von einer Überraschung!

»Hat es was mit Waiblingen zu tun?« fragte ich.

»Mit Waiblingen?« Er stockte. »Was meinst du?«

»Ich, na ja, also, von was für einer Überraschung redest du?« stotterte ich.

»Ich habe zwei tolle Angebote!« erklärte er.

»Nämlich?«

»Ich habe sofort zugesagt.«

»Wozu?«

»Ab übernächsten Donnerstag kannst du Dr. Frühling jede Woche im Radio hören.«

»Im Radio?«

»Jeden Donnerstag von 20 bis 23 Uhr.«

»In welcher Sendung?«

»Dr. Frühling beantwortet Fragen zum Thema Liebe.«

»Nein!«

»Doch!«

»Spitze!«

»Übernächsten Donnerstag läuft die erste Sendung.«

»Unglaublich!«

»Ich habe aber noch ein zweites Angebot unterschrieben.«

»Ja?«

»Frau Diplompsychologin Dr. Martha Maria Fitterling steht Ihnen bei allen Problemen hilfreich zur Seite.«

»Frau Diplompsychologin?«

»Mein Verlag gibt nicht nur ›Die Junge Frau‹ heraus, sondern auch die ›Stefanie‹, wie dir bekannt ist.«

»Hast du schon erzählt, ja.«

»Die ›Stefanie‹ spricht die nicht mehr ganz so jungen Leserinnen an. Die Verlagsleitung ist der Ansicht, daß Frauen so um die dreißig ihr Herz lieber einer Frau als einem Mann ausschütten. Von Frau zu Frau sozusagen. Da haben die Herren Psychologen vielleicht recht. Auf jeden Fall schreibe ich ab nächsten Monat auch als Frau Diplompsychologin Dr. Fitterling.«

»Du?«

»Warum denn nicht? Jede Woche ein großer Artikel und vier bis fünf Briefe in der ›Stefanie‹.«

»Aber als Frau Diplompsychologin?«

»Na und? Werde ich meine Texte eben etwas gefühls-betonter formulieren«, meinte Thomas, »das liegt mir sowieso mehr als diese pseudowissenschaftliche Schreiberei. Zudem gibt es meines Erachtens zwischen Frauen und Männern ohnehin kaum Unterschiede. Das kann ich somit gut beweisen.«

»Mann o Mann!«

Als ich an diesem Abend nach Hause kam, lag die halbe Wohnung voller Zeitschriften. Alles verschiedene Aus-gaben der »Stefanie«.

»Ich muß mich einlesen«, sagte Thomas.

»Hoffentlich verwechselst du die beiden nicht.«

»Wird schon gut gehen«, meinte er und grinste, »ich lege mir einen zweiten Schreibtisch zu.«

»Und die Sendung im Radio? Wie soll die ablaufen?«

»Sie wird im zentralen Studio in Frankfurt aufgenom-men und über alle Regionalsender ausgestrahlt. Hörer können während der Sendezeit anrufen und ihre Pro-bleme zum Thema Liebe, Sexualität und Partnerschaft schildern. Ein Journalist und ich werden versuchen, Antworten zu geben.«

»Den ganzen Abend?«

»Zehn Minuten Musik, dann fünf Minuten Bera-tung.«

»Und wenn sich niemand von Dr. Frühling beraten lassen will?«

»Die Leute vom Sender haben vorgesorgt. Wir neh-men jeden Donnerstag vor Beginn der Sendung zehn fingierte Gespräch auf, die eingespielt werden, wenn niemand anruft oder nur dumme Fragen kommen.«

»Raffiniert. Aber fällt das nicht auf?«

»Wie denn? Da rufen Leute an, die sonst nie auf Sendung sind, Verwandte oder Bekannte der Redakteure, und ich gebe Antwort. Irgendwann bist vielleicht auch du fällig, mal anzurufen. Fragen und Antworten machen wir vorher aus, damit ich vorbereitet bin. Zur Sendezeit, im Notfall, läuft das Band dann, als seien es Live-Gespräche. Wer soll da einen Unterschied feststellen?«

»Ich werde auf jeden Fall anrufen«, sagte ich, »schon bei der ersten Sendung. Mittendrin. Und dann werde ich mich erkundigen, ob ein Mensch gleichzeitig zwei Geschlechter haben kann.«

»Zwei Geschlechter?«

»Ich werde fragen, ob ein männlicher Dr. Frühling identisch mit einer weiblichen Diplompsychologin Dr. Fitterling...«

Ich konnte den Satz nicht zu Ende sprechen, zwei Hefte der »Stefanie« flogen nahe an meinem Kopf vorbei.

Udo Lindenberg miaute laut, weil er getroffen worden war.

»Du Katzenmörder«, schimpfte ich und nahm Udo auf den Schoß, um ihn mit Streicheleinheiten zu entschädigen.

»Viel Spaß, ihr zwei«, erwiderte Thomas, »Frau Dr. Fitterling zieht sich zurück, um ihren ersten großen Artikel vorzubereiten.«

Mittwoch kam mein nächster Kontroll-Anruf.

»Es ist was da«, sagte Thomas.

»Briefe?«

»Nein, ein Anruf.«

»Wieso?«

»Verstehe ich selber nicht.«

»Von welcher Zeitung?«

»Die Sache hat wohl nichts mit Günther zu tun«, meinte er.

»Sondern?«

»Ein Mann vom Bahnhof Waiblingen rief an...«

»Wie bitte?« rief ich. Ich begann am ganzen Körper zu zittern.

»Warum schreist du so?«

»Von Waiblingen?«

»Ja. Ich verstehe das auch nicht.«

»Was wollte der Mann?«

»Er nannte deinen Namen und erzählte was von ersten Spuren...«

»Erste Spuren? Das darf nicht wahr sein!«

»Was ist überhaupt los?« fragte Thomas, »du klingst so aufgeregt. Verstehst du, worum es geht? Ich weiß gar nicht, was das...«

Mehr bekam ich nicht zu hören, weil ich den Telefonhörer auf die Gabel donnerte.

Sie haben *sie* entdeckt, jubelte es in mir, sie haben *sie* gefunden, warum sonst hätte der Beamte angerufen? Ich suchte die Akten, die ich gerade bearbeitete, zusammen, legte sie auf den großen Stapel, räumte den Schreibtisch auf. Was interessierten mich jetzt noch die Bilanzen der Firma Mowenbohn?

In der Bahn vertiefte ich mich wieder in das geheimnisvolle Geschehen um »Die Frau in Weiß«. Zuvor hatte ich schon den atemberaubend wahrheitsgetreu geschriebenen Roman »Die Wolke« gelesen, in dem geschildert wird, wie nach einer Katastrophe in einem deutschen Atomkraftwerk eine große Region radioaktiv verseucht wird. Das war zweifellos realistisch und könnte sich täglich in jedem unserer vielen Atomreaktoren ereignen, auch wenn Politiker dies oft leichtfertig abstreiten. Bei Wilkie Collins' Roman hingegen handelte es sich um eine spannend-schaurige Geschichte aus dem England des 19. Jahrhunderts. Als auch die letzte Chance, die entführte »Frau in Weiß« wieder aufzufinden, vertan schien, hatte der Zug Waiblingen erreicht. Ich riß die Tür auf, spurtete die Treppen hinunter. Am Fahrkartenschalter war es ruhig.

»Oh, da schau an«, rief der Beamte, als er mich erkannte.

Vor lauter Eifer vergaß ich zu grüßen.

»Sie haben Spuren«, sagte ich, »ist das wahr?«,

Er nickte, lachte dann.

»Waren wir doch schneller als die im Schreibwarenladen, wie?«

»Ich glaube schon. Von dort weiß ich nichts Neues.«

»Na prima, ich habe es doch gleich gesagt.«

»Haben Sie *sie* gefunden?« fragte ich ungeduldig, »Sie wissen, wo *sie* wohnt?«

»Nur langsam«, bremste er meine Wißbegier, »und alles schön der Reihe nach.«

Er kramte in seinen Unterlagen, zog ein Blatt mit einer Zeichnung vor, reichte es mir.

Ich erkannte *sie* sofort, obwohl ihre Augen hinter einer dunklen Sonnenbrille verborgen waren. Ich spürte, wie meine Knie vor Aufregung weich wurden.

»Was ist damit?« fragte ich ungeduldig.

»Heute mittag kam eine ältere Frau zum Schalter. Sie wollte Geld wechseln für den Fahrkartenautomaten. Sie hatte das Geld schon genommen, als sie das Bild hier entdeckte.«

Er deutete auf die Kopie der ersten Zeichnung, die er vor vierzehn Tagen von *ihr* angefertigt hatte und die immer noch an der Scheibe befestigt war.

»Und? Kannte sie *sie?*«

»Zuerst stutzte sie und fragte, was das Bild zu bedeuten habe. Ich erklärte ihr, daß wir die Frau suchen.

›Ja, daß die was angestellt hat, habe ich sofort gewußt‹, meinte sie dann.

›Wieso?‹ fragte ich.

›Das sieht man sofort, auch wenn sie auf dem Bild da ihre Sonnenbrille nicht aufhat.‹

›Was für eine Sonnenbrille?‹

›Na, die sie immer aufhat, wenn sie unterwegs ist.‹

›Ja, kennen Sie die Frau?‹

›Auf jeden Fall, aber die Sache ist mir zu gefährlich. Und was so alles gemunkelt wird, was die vorhat, nein, da sage ich gar nichts dazu. Nicht, daß ich da reingezogen werde.‹

›Sie müssen die Frau verwechseln‹, erklärte ich ihr, ›die junge Dame, die wir suchen, ist völlig normal und vollkommen ungefährlich.‹

›Sie können mir viel erzählen. Ich sehe genau, daß sie das ist, auch wenn sie da keine Sonnenbrille trägt.‹

›Aber warum soll sie gefährlich sein? Was hat sie getan?‹

›Das ist doch die mit dem…‹ Sie stockte.

›Mit dem?‹ fragte ich.

›Das kann ich hier nicht sagen. Von sowas spricht man nicht in aller Öffentlichkeit.‹

›Erklären Sie mir doch mal, wie sie mit Brille aussieht, so?‹ Ich hatte während unserer Unterhaltung begonnen, ein neues Bild von ihr zu skizzieren. Als ich es ihr dann zeigte, erschrak sie richtig.

›Das ist sie! Garantiert! Ganz genau!‹ schrie sie, ›ich hab's doch gleich gewußt. Tausendprozent!‹«

Das Telefon läutete. Der Beamte nahm ab.

»Nach Saarbrücken?« fragte er, blätterte dann kurz im Kursbuch, gab die gewünschte Auskunft.

Ich verging fast vor Neugier.

»Sie wollte einfach nicht mit der Sprache rausrükken«, meinte er, »beharrte aber darauf, daß sie die Frau mit der Sonnenbrille garantiert kenne und daß sie in eine schlimme Sache verwickelt sei.«

»Was für eine schlimme Sache denn?« fragte ich, »mein Gott, ich habe doch mit *ihr* geredet, so täuschen kann ich mich nicht.«

»Kann ich mir auch nicht vorstellen«, sagte der Beamte, »wer weiß, was die Frau sich einbildet, trotzdem bin ich überzeugt, daß sie *sie* kennt, so wie sie sie beschrieben hat. Als ich *sie* mit Brille malte, wurde mir das klar. Wir sprachen von ein und derselben Person!«

»Und was haben Sie herausgefunden?« fragte ich, »wo wohnt *sie?*«

Ein Junge kam zum Schalter, ließ einen Schein wechseln. Ich trommelte nervös an die Wand, konnte es kaum erwarten, daß der Beamte wieder Zeit für mich hatte.

»Die Frau weigerte sich beharrlich, Auskunft zu geben. Als ich gerade zum vielleicht fünften Mal auf sie einredete, mir doch Näheres zu erzählen, kam eine andere ältere Frau an den Schalter. Die beiden kannten sich gut, tuschelten sofort miteinander. Ich verstand kaum was, weil sie so leise und in starkem Dialekt sprachen, und dann, plötzlich, zeigte sie auf mein Bild und sagte: ›Da, schau her, die Anneliese hat Recht behalten, jetzt suchen sie die tatsächlich.‹ Die andere schaute auf die Zeichnung, bekam große Augen und starrte mich an.

›Tatsächlich!‹

›Kennen Sie die Frau auch?‹ fragte ich.

›Und ob!‹ erklärte sie.

›Wissen Sie, wo sie wohnt?‹

›Sei ruhig, Martha!‹ rief die andere, ›laß dich nicht in was reinziehen! Du kennst doch die Geschäfte von der, sei ruhig, nicht, daß wir was Falsches sagen!‹ Dann packte sie sie am Arm und zog sie mit sich weg.«

»Ja und?« fragte ich, »ist das alles?« Ich zitterte am ganzen Körper. Mein Gott, das half mir doch nicht weiter.

Ein Kunde kam zum Schalter, ließ sich eine Auskunft über verschiedene Zugverbindungen geben.

Das war ja fast so geheimnisvoll wie das Geschehen in Wilkie Collins' Roman. So, wie der junge Mann die verschwundene Frau suchte und nicht finden konnte, erging es auch mir. Je länger ich mich bemühte, desto geheimnisvoller wurde ihre Person. In welch seltsames Verwirrspiel war ich da geraten?

»Macht Ihnen ganz schön zu schaffen, wie?« fragte der Beamte.

Überrascht schaute ich auf.

»Ich kann es nicht glauben!«

»Kann ich verstehen!«

»Mehr haben Sie nicht herausfinden können?«

»Als die beiden wegliefen, gab es für mich nur noch eine Chance. Ich rannte ihnen nach bis zur Treppe. ›Wissen Sie, ein junger Mann, ein Bekannter von mir, hat sich total in die junge Frau verliebt und versucht seit zwei Wochen, sie zu finden. Sie sind die einzigen, die eine Ahnung haben, wo sich die Frau aufhält, und Sie wollen es mir nicht erzählen. Wenn sie wüßten, wie verzweifelt mein Freund ist...‹

›Ach was‹, wehrte diejenige ab, die zuerst am Schalter gewesen war, ›auf den Trick falle ich nicht rein. Ich sage nichts, gar nichts!‹ Damit lief sie weiter, die Stufen hinunter. Als ich schon endgültig aufgeben wollte, packte mich die andere am Arm, zog mich zu sich her und flüsterte mir zweimal hintereinander dieselben Worte ins Ohr, bis sie sicher war, daß ich sie wirklich verstanden hatte. Dann klopfte sie mir auf den Arm, rief sowas wie ›Viel Glück‹ und sprang der anderen nach.«

»Und was verriet sie Ihnen?« fragte ich.

»Sie flüsterte: ›Fragen Sie nach ihr in der Markthalle in Stuttgart, die wissen Bescheid, am Samstag im Café in der Markthalle in Stuttgart, haben Sie verstanden?‹«

»In der Markthalle in Stuttgart?« fragte ich erstaunt.

»Im Café in der Markthalle«, wiederholte er, »am Samstag.«

Ich stand etwas ratlos vor seinem Schalter. Was konnte ich mit diesem Hinweis anfangen?

Die Markthalle in Stuttgart ist ein imposantes altes Gebäude mit buntem Treiben. Händler aus allen Ländern Europas bieten hier ihre Waren feil. Architekten und Kunstexperten attestieren dem Gebäude, das schönste seiner Art in ganz Deutschland zu sein. Und hier, in dieser fast schon orientalisch anmutenden Atmosphäre voller Käufer und Verkäufer sollte ich endlich auf *sie* stoßen?

»Ich an Ihrer Stelle würde es versuchen«, riet mir der Beamte, »was können Sie denn verlieren?«

Dann nahm er die neue Zeichnung, auf der *sie* mit der Sonnenbrille zu sehen war und reichte sie mir durch die Öffnung.

»Das Bild nehmen Sie am besten mit und fragen Sie in der Markthalle nach, am nächsten Samstag. Die wissen garantiert mehr.«

»Glauben Sie wirklich?«

»Sie müssen es versuchen!«

Dr. Frühlings liebstes Liebesgericht

Puszta-Gulyás

Für 2 Personen nimmt man:
3 Eier, 3 Zwiebeln, Fett, Paprikagewürz, 500 g
Schweinefleisch durchwachsen, 400 g Kartoffeln,
reichlich Petersilie und Sellerie, 1 große Paprika,
150 g Mehl, je nach Geschmack reichlich Pfeffer,
Kümmel, etwas Salz, 1 l Wasser.
Die Zwiebeln zerkleinern, dünsten, mit Paprikagewürz anreichern. Das Fleisch in kleine Stücke
schneiden, zu den Zwiebeln in den Topf geben, mit
Pfeffer, Kümmel, Salz würzen, etwa 1 Stunde kochen. Kartoffeln in kleine Stücke schneiden, den
Paprika ebenfalls zerkleinern und entkernen und
in den Topf zugeben, 20 Minuten kochen. Dann
Teig anrühren mit Mehl, Wasser, Eiern und Salz
und kurz vor dem Essen in die kochende Masse in
kleinen Stücken einfügen. Beim Abkühlen dann
mit kleingeschnittener Sellerie- und Petersilie-
stücken reichlich würzen.

Besten Appetit und viel Vergnügen

Ihr Dr. Frühling

19

Am Donnerstag steckte ein großes Kuvert im Briefka-
sten. Ich legte es auf den Tisch, suchte nach einem Absender. Vorder- und Rückseite waren unbedruckt, nur
meine Adresse und ein Poststempel schmückten das
Papier. Ich riß es auf und zog ein Bündel Briefe samt
einer freundlichen Mitteilung der Zeitung heraus.
Aufgeregt zählte ich sie: Drei waren es, zwei weiße Ku-
verts und ein rosarotes.

Thomas weilte bei einem Psychologenkongreß, ich
hatte keine Ahnung, wann er zurückkommen würde.
Sollte ich warten, damit wir sie gemeinsam öffnen
konnten? Meine Neugierde siegte.

Unschlüssig schob ich die Briefe vor mir hin und her.
Welchen sollte ich zuerst lesen? Schließlich wandte ich
mich dem rosaroten zu.

Lieber nachdenklicher Mann,
ich fühle mich von Deinen Zeilen sehr stark angezogen und
würde gern mit Dir Kontakt aufnehmen.
Alles Liebe   Brigitte.
PS: Du erreichst mich unter der Nr. 07033-63588

Das war alles. Kein Absender, keine anderen Bemerkungen, nichts. Ich war enttäuscht. Eine Frau, die mit
unserem Freund Günther anbändeln wollte, sollte sich
doch etwas mehr Mühe geben.

Ich riß gerade den nächsten Brief auf, als das Telefon
läutete.

»Ist was gekommen?«

»Ich bin gerade am zweiten Brief.«

»Nein!«

»Doch.«

»Und du rufst mich nicht an?«

»Ich wollte euren Kongreß nicht stören.«

»Was interessiert mich der Kram hier. Wie viele Briefe sind da?«

»Drei.«

»Ich komme sofort.«

Keine Stunde später war er bei mir.

»Wo sind sie?« brüllte er und spurtete ins Zimmer, über Udo Lindenberg weg, der mitten auf dem Teppich lag.

Er verschlang das rosarote Schreiben mit großen Augen. Dann drehte er das Blatt um.

»Das ist alles?« fragte er, »die ist aber kurz!«

»Zu kurz. Die macht sich's sehr einfach.«

»Und der nächste Brief?«

Ich faltete ihn auf, dann lasen wir gemeinsam.

Geehrter Unbekannter,

Deine Anzeige fiel mir sofort auf, weil Du Dich schon in Deinen Worten von den übrigen Annoncen unterscheidest. Auch ich bin ein zurückhaltender Mensch, denke sehr viel nach. Oberflächliches Leben ist mir ein Greuel. Äußerlichkeiten bedeuten mir sehr wenig, das Innere ist es, das uns Menschen prägen sollte. Ich glaube, daß wir viele Gemeinsamkeiten haben und daß wir uns daher kennenlernen sollten. Vielleicht bei einem gemeinsamen Spaziergang.

Über einen Anruf würde ich mich sehr freuen.

Meine Telefonnummer: 07193 63452.

»Hat die keinen Namen?« fragte Thomas.

Wir drehten und wendeten den Brief, fanden aber keinen Hinweis.

»Das ist das einzige, was mich stört«, sagte ich, »sonst finde ich ihn sehr schön geschrieben. Die Frau wäre bestimmt was für Günther.«

»Glaube ich auch. Scheint ein ähnlicher Typ wie unser Klosterbruder zu sein.«

»Die sollten wir auf jeden Fall anrufen.«

»Zuerst der nächste Brief.«

Ich nahm ihn auf, sah die vielen Briefmarken über der Anschrift, fühlte sein Gewicht, stutzte.

»Sag mal, was ist denn da alles drin?«

Ich öffnete ihn, entnahm ihm seinen Inhalt. Es waren acht Blätter, alle doppelseitig beschrieben.

»Das gibt's doch nicht«, meinte Thomas.

Versehen mit kompletter Anschrift entströmte dem Brief der vollständige Lebenslauf der Elfriede aus dem Sachsenweg 27 in Esslingen, angefangen von ihrer offensichtlich etwas problematischen Geburt bis hin zu ihrer heutigen männerlosen Situation.

»Was meinst du?« fragte ich erschöpft, nachdem wir uns durch Elfriedes Biographie gekämpft hatten.

»Gib mir erstmal ein Bier«, antwortete er, »haben wir was Kräftiges zu essen da?«

Ich hätte jetzt ebenfalls zwei Portionen vertragen können, begnügte mich aber mit Erdnüssen.

»Mein Gott, die Elfriede!« entfuhr es uns gleichzeitig, »ob die zu Günther paßt?«

»Der arme Mann«, erklärte Thomas, »wenn das was wird!«

Wir legten die drei Briefe nebeneinander, überlegten, was wir jetzt tun sollten.

»Vielleicht erst mal abwarten, ob noch andere antworten«, schlug ich vor, »das war bestimmt erst der Anfang. In ein paar Tagen können wir auswählen, mit welcher wir einen Kontakt herstellen.«

»Ich würde lieber gleich anfangen«, erwiderte Thomas, »ich bin zu gespannt, wer auf eine solche Anzeige schreibt.«

»Heute noch?«

»Am liebsten sofort.«

»Per Telefon?«

»Wie sonst? Außer Elfriede haben sie uns keine Anschrift mitgeteilt, nur ihre Telefonnummer.«

»Du erinnerst dich, was Andreas sagte?«

Thomas nickte.

»Wollten wir seinen Empfehlungen folgen, dürften wir auf die ersten beiden Briefe überhaupt nicht reagieren. Ich bin aber zu neugierig!«

Andreas hatte uns darauf hingewiesen, daß er es vermeide, telefonisch mit den Frauen in Verbindung zu treten, die ihm auf seine Annoncen antworteten.

»Hat sie nämlich eine Piepsstimme oder spricht sie hinterwäldlerischen Dialekt, bin ich vielleicht so schockiert, daß ich darauf verzichte, sie persönlich kennenzulernen. Oder umgekehrt sie von mir. Unter Umständen hat sie gerade Probleme im Beruf oder sie steckt am Tage meines Anrufs in einer tiefen Depression. Vielleicht ist ihr gerade auch die Milch übergekocht oder die halbe Küche steht unter Wasser. Und genau in diesem Moment rufe ich an und will von ihr wissen, ob sie den Rest ihres Lebens gemeinsam mit mir verbringen will. Nicht gerade die beste Voraussetzung für ein trautes Miteinander, oder? Wer will mir aber garantieren, daß mir da nicht die absolute Traumfrau entgeht? Bleibt noch die Frage des Arbeitsaufwandes, den ein Brief in weitaus stärkerem Maß verlangt als ein Telefonanruf. In der halben Stunde, in der ich meine Gedanken einer einzigen Frau schriftlich offenlege, kann ich am Telefon natürlich zwei Dutzend andere Kandidatinnen im wahrsten Sinn des Wortes abfertigen. Aber ist das der Sache, um die es hier geht, angemessen? Deswegen plädiere ich für den Brief: Der läßt mir Zeit, meine Worte zu überlegen und meine Gedanken so ausführlich darzustellen, daß sich die telefon-typischen Mißverständnisse weitgehend vermeiden lassen. Wenn du nur telefonieren willst, laß lieber gleich die Hände weg von der Frau«, hatte Andreas erklärt, »wenn du nicht willens bist, für eine potentielle Partnerin von Anfang an mehr Mühe aufzubringen, dann reagiere lieber überhaupt nicht.«

»Andreas Argument in Ehren«, sagte Thomas, »ich schätze sie als wertvolle Hinweise. Trotzdem bin ich dafür, heute ausnahmsweise nicht auf ihn zu hören.«

»Also gut«, gab ich nach, »dann rufen wir an, sonst schläfst du heute nacht keine Minute.«

20

Die Nachdenkliche war nicht zu Hause. Jedenfalls ging sie nicht ans Telefon.

»Hat wohl nicht gedacht, daß wir so schnell reagieren.«

»Du«, sagte Thomas, »du bist der offizielle Adressat.«

»Fang nur nicht damit an.«

Bei der Rosaroten hatten wir mehr Erfolg.

»Hallo, hier ist Gottlieb«, meldete ich mich, »ich habe Ihren rosaroten Brief erhalten.«

»Meinen…«, sie stutzte, »oh, ich verstehe, ja, ach so, ah.«

»Wie geht's?«

Thomas lachte.

»Äh, also mir geht's ganz gut.«

»Na ja, mir auch.«

Ich wußte nicht recht weiter.

»Ja, also am Telefon ist es doch etwas komisch«, stotterte ich und merkte, daß Thomas neben mir schon wieder lachte, »ich weiß gar nicht, was ich sagen soll.«

»Wie hat Ihnen denn mein Brief gefallen?« fragte sie.

»Oh, Ihr Brief, oh, gut, so ausdrucksvoll.«

»Ja?«

Thomas kugelte sich fast in seinem Sessel vor Lachen.

»Nur zu kurz war er.«

»Was soll ich auch schreiben? Wir kennen uns doch nicht.«

»Das können wir ändern. Von mir aus sehr schnell.«

»O ja, gerne, ich kann jederzeit.«

»Heute noch?« fragte ich.

Thomas prustete vor Lachen. »Mein Gott, geht der ran!« hörte ich ihn flüstern. Ich tippte mir an die Stirn, schaute ihn wütend an und zeigte auf den Telefonhörer.

»Oh, also das ist mir doch etwas zu schnell. Ich bin jetzt gar nicht darauf vorbereitet.«

»Na gut. Dann morgen?«

»Eigentlich habe ich schon was vor.«

»Ah ja, dann könnten wir uns am Sonntag treffen...«

»Also gut, ja.«

Thomas klopfte auf den Tisch.

»Mensch, bist du ein Lahmi«, flüsterte er, »hast du's jetzt bald?«

Ich schoß ihm einen wütenden Blick zu, konzentrierte mich wieder aufs Telefon.

»Und wo?« fragte sie.

»Was?«

»Ja, wo treffen wir uns?«

»Also, wir wohnen hier in der Nähe von Stuttgart«, erklärte ich.

»Wir?«

»Ja, also ich.«

»In der Nähe von Stuttgart wohne ich auch, in Weil der Stadt.«

»In Weil der Stadt.«

»Ja.«

»Ist dort nicht Kepler geboren, der Astronom?«

»Genau der.«

»Also, dann treffen wir uns doch am besten…« Ich überlegte. Udo Lindenberg strich miauend um meine Beine. »Ist gut, Alter!« sagte ich.

»Wie bitte?«

»Ach, nichts.«

»Ja, wo denn?«

»Na, wie wär's im Stuttgarter Bahnhof? Der liegt sozusagen auf halber Strecke.«

»Im Bahnhof?«

Udo Lindenberg maunzte herzerweichend.

»Ist schon gut, ja, äh, im Café im Bahnhof?«

»Im Café. Ja gut, das ist schon gemütlicher als der Bahnhof.«

»Ja, das ist gemütlicher«, bestätigte ich.

»Mein Gott, hat der Mensch Probleme«, brummte Thomas im Hintergrund. Er schnappte sich Udo Lindenberg, kraulte ihn.

»Und wann?« fragte sie.

»Wann? Ja, wann paßt es Ihnen?«

»Nachmittags?«

Udo Lindenberg schnurrte vor Vergnügen.

»Ja gut. Gegen Drei?«

»Ja.«

»Gegen Drei. Gut. Also dann. Bis Sonntag.«

»Schöne Platte, die Sie im Hintergrund laufen haben.«

»Wie bitte?«

»Die Platte im Hintergrund.«

Ich drehte mich um, sah nur Thomas mit Udo auf dem Schoß. Udo schnurrte laut.

»Ach so«, lachte ich, »das ist Udo Lindenberg.«

»Udo Lindenberg?« wiederholte die Frau, »oh, das muß aber eine neue Platte sein.«

Ich wußte nicht, was ich antworten sollte.

»Ja«, erklärte ich, »letzte Woche erst rausgekommen.«

»Oh, toll! Die können Sie mir gleich am Sonntag zeigen! Also dann!«

»Ja, bis Sonntag!« erwiderte ich und legte den Telefonhörer auf.

»Mein Gott, du laberst was daher...« schimpfte Thomas.

»Mach's doch besser, du Moserkopf«, gab ich zurück, »und überhaupt, deine blöden Kommentare kannst du dir sparen, ich kam ganz durcheinander wegen deinem dauernden Geschwätz.«

»Ach was! Reg dich ab! Und, wie steht's? Hast du ihr von Günther nichts erzählt?«

»Ja wie denn, am Telefon? Du stellst dir das vielleicht einfach vor! Ich kenne die Frau ja gar nicht!«

»Ja und? Du hast doch sonst mit Frauen keine Probleme!«

»Was hat das denn damit zu tun? Es wird sicher schwierig, ihr klarzumachen, daß *ich* nichts von ihr will, sondern für meinen Freund Günther spreche.«

»Menschenskind, das wirst du doch schaffen. Wie willst du sie überhaupt erkennen?«

»Ach so. Daran habe ich nicht gedacht.«

119

»Na, dann, auf jeden Fall viel Spaß!«

»Ja, Moment, du gehst aber mit!«

»Ich?«

»Na klar, das ist unser gemeinsames Unternehmen.«

»Tut mir leid. Sonntag bin ich beim Tennis.«

»Sonntag?«

»Sonntag, mein Lieber, genau«, sagte er genüßlich,
»Sonntag mußt du allein ran.«

»Dafür rufst du Elfriede an.«

»Elfriede?«

»Allerdings. Nun ist sie an der Reihe.«

»Jetzt noch?«

»Wann denn sonst?«

»Wäre morgen nicht besser?«

»Nichts da. Du rufst an, sofort.«

Widerstrebend fügte er sich in sein Schicksal.

Dr. Frühlings liebstes Liebesgedicht

Klärchens Lied

Freudvoll
Und leidvoll
Gedankenvoll sein,
Hangen
Und bangen
In schwebender Pein,
Himmelhoch jauchzend,
zu Tode betrübt –
Glücklich allein
Ist die Seele, die liebt.

GOETHE

21

»Komm bloß gleich zur Sache. Wenn Elfriede so viel zu erzählen weiß, wie sie schreibt, sitzen wir morgen noch da.«

Thomas schaute mich mißmutig an, legte Udo Lindenberg auf den Tisch, wählte die Nummer.

»Menschenskind, da habe ich mich auf was eingelassen!«

Ich setzte mich auf die Armlehne seines Sessels, hielt mein Ohr an den Telefonhörer, damit ich ja alles verstand.

»Quetsch dich doch nicht so ran«, maulte er, »ich bin nicht Elfriede.«

Ich stieß ihm meinen Ellbogen in die Seite, daß er laut aufschrie.

»Ja?« fragte eine weibliche Stimme im Hörer.

»Äh, ah, also, ist dort die Elfriede?« stotterte er.

Ich lachte laut auf. Wütend schaute er mich an.

»Weiler«, meldete sich die Frau, »Sie wollen Elfriede?«

»Ja, bitte!«

»Moment, die ist im Stall! Ich rufe sie gleich!«

Die Frau legte den Hörer weg, schrie nach Elfriede.

»Im Stall?« Thomas sah mich fragend an.

Dann war die Frau wieder am Apparat.

»Sie kommt sofort«, sagte sie, »bist du es, Heinz?«

»Nein«, antwortete Thomas, »ich bin...«

»Ach so, du, Rudolf?«

»Nein, ich, äh...«

»Ja, du, Bernd?«

Thomas wurde total verlegen.

»Nein, ich, äh...«

»Ah, da ist Elfriede. Wiederhören.«

»Wiederhören.«

»Ja?« fragte Elfriede.

»Äh, ich rufe an wegen der Anzeige. Der Heiratsanzeige, verstehen Sie?«

»Ja.«

»Also, ich wollte fragen, ob wir uns treffen können.«

»Ja.«

»Wann ginge es?«

»Ja, wann?«

Elfriede schien ziemlich wortkarg.

»Am Samstag zum Beispiel?« fragte Thomas.

»Ja.«

»Und wo?«

»Nein.«

»Wie bitte?«

»Nein, am Samstag nicht.«

»Ach so. Dann am Montag?«

»Ja.«

»Gut. Wo?«

»Wo?«

»Ja, zum Beispiel bei meinem Freund Günther? Wissen Sie, ich habe die Anzeige nicht wegen mir aufgegeben, sondern wegen meinem Freund.«

»Ah.«

»Ja, deshalb wäre es gut, wenn wir uns gleich bei ihm treffen.«

»Ja.«

»Gut. Dann am Montag bei Günther in Landau. Könnten wir uns vorher in Stuttgart treffen?«

»Ja.«

»Vielleicht am besten im, äh, im...« Er schaute mich fragend an. »Wo?«

»Bahnhofscafé«, flüsterte ich ihm zu.

»Äh, im Bahnhof? Im Café im Bahnhof?«

»Ja.«

»Also gut. Bis Montag.«

»Moment. Montag geht nicht.«

»Geht nicht?« Thomas' Stimme wurde schrill.

»Ja wann dann?«

»Am Sonntag.«

»Am Sonntag?«

»Ja, um vier?«

»Äh, also, Moment.«

»Ja, am Sonntagnachmittag um vier. Im Café im Bahnhof. Ja.«

»Am Sonntag habe ich aber...« doch Thomas vernahm nur noch das seltsame Geräusch, das immer dann dem Telefonhörer entfleucht, wenn der Gesprächspartner aufgelegt hat.

Ich lachte laut auf.

»Ja, dann trifft sich der Herr also doch am Sonntagnachmittag, wird wohl nichts mit Tennis, wie?«

»Das gibt's nicht!« schimpfte er, »die hat einfach aufgelegt.«

»Herrlich! Prima!« Ich schüttelte mich vor Lachen. »Dann sehen wir uns ja doch übermorgen im Café.«

»Mist!«

»Du um vier und ich um drei! Herrlich! Und anschließend fahren wir zu Günther«, sagte ich, »aber können wir beide Frauen gleichzeitig mitbringen?«

»Ach, ist mir doch egal«, brummte Thomas übellaunig, »wart erst mal ab, wie die Sache läuft.«

»Da bin ich selbst gespannt, ich glaube, der Sonntag wird ganz schön aufregend.«

Er wurde es in der Tat, aber der Samstag kein Haar weniger.

22

Samstag war in der Markthalle in Stuttgart ganz schön
was los. Unten vor den Verkaufsständen ein bun-
tes, vielstimmiges Treiben: Griechischer Rosenlikör
wechselte ebenso seinen Besitzer wie türkische Fei-
gen.

Ich kämpfte mich durch das Menschengewoge die
Treppe hinauf zum Café. Von oben bot sich ein faszi-
nierender Ausblick.

Ich setzte mich an einen Tisch, bestellte Kaffee. Als mir
die Bedienung die Tasse brachte, zeigte ich ihr die
Zeichnung von *ihr*.

»Können Sie mir helfen?« fragte ich, »ich suche diese
Frau.«

Die junge Frau lachte.

»O ja, die!«

»Sie kennen sie?«

»Sind Sie von der Polizei?«

»Ich? Sehe ich so aus?« fragte ich kopfschüttelnd.

»Von einer Zeitung?«

Ich lachte.

»Auch nicht. Ich interessiere mich privat für die Frau.«

»Das soll ich Ihnen glauben?«

»Wieso nicht?«

»Nach dem, was so alles von der erzählt wird!«

Ich erschrak. War doch etwas Wahres an dem, was die
Frauen in Waiblingen erwähnt hatten?

»Was wird denn so erzählt?« fragte ich vorsichtig.

»Tun Sie nur so unschuldig oder wissen Sie wirklich
nichts?«

»Keine Ahnung«, sagte ich, »echt!«

»Die Frau hat doch fast ne ganze Woche versucht, irgendwo Räume zu mieten für ihr Etablissement. Jeden fragte sie, ob sie nicht was zu vermieten hätten.«

»Wozu?«

»Ich glaube, das ist eher *Männersache*«, erwiderte sie, indem sie das letzte Wort deutlich betonte, »aber heute ist unser Juniorchef hier, der weiß genau Bescheid.« Sie zeigte zur Theke, wo ein junger Mann Gläser spülte.

»Ich suche diese Frau«, erklärte ich und hob die Zeichnung hoch.

Der Mann drehte sich zu mir um.

»Oh, Katharina«, sagte er.

»Katharina?« wiederholte ich.

Zum ersten Mal hatte ich *ihren* Namen gehört.

»Ja, eine sehr nette Person!«

Ich schaute ihn überrascht an.

»Nett?« Das war mir völlig neu, daß *sie* gelobt und nicht irgendeiner Schandtat bezichtigt wurde.

»Ja, natürlich. So eine nette Frau können Sie lange suchen. Leider konnte ich ihr nicht helfen, ein paar Räume zu finden, weil die Leute gleich so dumm daherredeten.«

»Wie meinen Sie das?« fragte ich.

»Ich hätte ihr gern Räumlichkeiten vermittelt. Sie wollte doch hier, irgendwo im Großraum Stuttgart, eine Zweigstelle einrichten und ein kleines Haus in ruhiger Umgebung mieten, weil sie aus unserer Region so viele Kunden haben, und da bot ich ihr an, mich umzuhören. Leider ohne Erfolg.«

»Was für ein Unternehmen betreibt sie denn?«

»Sie wissen es nicht?« Er lachte.

»Und haben Sie vielleicht ihre Adresse?«

»Aber klar«, meinte er, »wollen Sie ihre Karte? Sie hat

mir einige hiergelassen, falls sich noch etwas ergeben sollte. Unten bei den Händlern oder oben im Café.«
Er zog ein kleines Blatt aus der Tasche, reichte es mir. Ich schaute auf das Papier, las *ihren* Namen, die Anschrift und die Beschreibung *ihrer* beruflichen Tätigkeit. Und während in mir ein ganzes Orchester zu spielen begann mit Violinen, Flöten, Fanfaren, Trompeten, Pauken, Bratschen, einem Saxophon und vielen Kontrabässen, begann ich zu lachen, laut und herzhaft wie selten zuvor. Und ich hätte schreien können vor Freude. Endlich war mir *ihre* Identität offenbart.

KATHARINA DOROTHEA SPROLL

Heirats- und Bekanntschaftsinstitut

Hauptstraße 198 · 6900 Heidelberg

23

Drei Minuten vor drei betrat ich am Sonntag das Bahnhofscafé. Das rosarote Briefkuvert in meiner Linken sah ich mich um. Thomas hatte mich freundlich verabschiedet.
»Viel Vergnügen«, schallte es hinter mir, als ich die Wohnung verließ, »und bändle nicht gleich selber mit ihr an!«
»Sorg du für dich«, antwortete ich und sah Frau Strübermir auf der Treppe stehen, Rita Süssmuth im Arm.

»Alles Gute, damit es endlich was wird mit dem Günther, Gottlieb.«

Ich lief zur S-Bahn, nahm den nächsten Zug.

Das Café war gut besucht, hauptsächlich von Frauen fortgeschrittenen Alters. Stimmengewirr erfüllte den Raum, unzählige Leute hatten offensichtlich Wichtiges zu erzählen. Ich sah nirgendwo eine junge Frau allein sitzen, also steuerte ich auf einen freien Tisch zu, von dem aus ich die Eingangstür beobachten konnte. Ich stellte das rosarote Briefkuvert deutlich sichtbar an die Blumenvase mitten auf dem Tisch und bestellte einen Kaffee.

Fünf Minuten nach drei brachte mir der Kellner mein Kännchen. Als es zwanzig Minuten über die Zeit war, wurde ich langsam nervös.

Ob sie es sich anders überlegt hat? Vielleicht hätte ich sie heute morgen zur Sicherheit noch einmal anrufen sollen.

Oder es hatte sie einfach der Mut verlassen. Das konnte auch sein. Schließlich war es ihr im Gegensatz zu mir ernst mit der Sache. Ich unternahm das ganze Techtelmechtel ja nur meinem Freund Günther zuliebe.

Nervös fingerte ich den Brief nochmals aus dem Kuvert, las die paar Zeilen. Mit *Brigitte* waren sie unterschrieben. Als ich mir ihren Namen einzuprägen versuchte, merkte ich, wie mich eine junge Frau zwei Tische weiter intensiv anblickte. Ich nickte ihr zu, faltete den Brief zusammen.

Wenn ich den Kaffee getrunken habe, gehe ich. Thomas kommt gegen vier zu seiner Elfriede und lacht sich bestimmt halb schief, wenn er mich allein hier sitzen sieht und merkt, daß ich vergeblich gekommen bin. Diesen Triumph gönne ich ihm nicht!

Ich schaute auf die Uhr, als die junge Frau, die mich vorhin so angestarrt hatte, vor mir stand.

»Es tut mir leid«, sagte sie, »aber auch, wenn Sie es unverschämt finden, ich wollte Sie vorher beobachten.«

Sie hatte ein nettes, freundliches Gesicht, dunkelblonde, leicht gelockte Haare und trug ein hübsches, hellblaues Kleid. Ich schätzte sie auf Mitte zwanzig.

»Sie wollten mich beobachten?«

»Ich bitte nochmals um Verzeihung«, sagte sie, »aber in einer solch wichtigen Angelegenheit soll man vielleicht doch nicht zu schnell vorgehen.«

Jetzt erst verstand ich.

»Oh, Sie sind Brigitte?«

Sie nickte.

»Darf ich mich setzen?«

Ich stand auf, bot ihr einen Stuhl an.

»Mein Name ist Gottlieb«, stellte ich mich vor, »Sie sind schon länger im Café?«

»Ich sah Sie kommen«, erwiderte sie, »ich habe mir vorgenommen, schon etwas früher hier zu sein.«

»Ganz schön clever«, sagte ich.

»Naja, unsere Angelegenheit ist nicht unbedingt alltäglich, oder?«

»Nein, ganz bestimmt nicht.« Ich überlegte krampfhaft, wie ich auf Günther zu sprechen kommen konnte.

»Haben Sie viele Antworten auf die Annonce erhalten?«

»Drei.«

»Und haben Sie schon jemanden getroffen?«

»Nein, ich hatte noch keine Gelegenheit dazu. Sie sind die erste.«

»Oh, dann habe ich ja großes Glück«, erklärte sie und

lächelte mir zu, »ich fürchtete schon, Sie hätten vielleicht bereits eine Frau gefunden.«

»Nein, nein«, betonte ich.

Der Kellner kam wieder, sie bestellte ein Mineralwasser.

»Ich habe vorher schon Kaffee getrunken«, erklärte sie, »am anderen Tisch.«

Ich nickte.

»Die Anzeige hat Sie angesprochen?« fragte ich.

»Sehr«, meinte sie, »und ich glaube, Sie haben sich richtig charakterisiert.«

»Oh«, entgegnete ich, »ich...«

»Doch, doch«, unterbrach sie mich, »ich habe ein Gespür für Menschen. Ich fühle es, daß Sie sehr nachdenklich sind.«

»Oh, es geht aber nicht um mich.«

»Natürlich«, fiel sie mir wieder ins Wort, »seien Sie doch nicht so bescheiden! Ich möchte auf keinen Fall die Hauptperson sein! Ich glaube, es ist wichtig, daß wir uns von Anfang an als gleichwertige Partner verstehen.«

»Schon«, sagte ich und fing an zu stottern, »aber ich möchte mich doch etwas aus der Sache herausnehmen...«

»Na gut«, sagte sie, »wenn Sie wollen, reden wir zuerst über mich.«

O mein Gott, wie sollte ich nur Günther ins Spiel bringen?

»Ich war noch nicht verheiratet«, erklärte sie.

Gut, gut, dachte ich, aber das sollte sie gefälligst Günther erzählen!

»Wissen Sie, ich habe da einen Freund, Günther...«, begann ich, da entdeckte ich Thomas am Eingang, einen Strauß roter Rosen in der Hand. Dieser Kerl nimmt Blumen mit, dachte ich erbost, dazu noch rote Rosen! Dabei hatten wir gestern abend ausdrücklich vereinbart, ohne Geschenk zu kommen, um nicht etwa einen falschen Eindruck bei den Frauen zu erwecken! Und überhaupt, was wollte der schon so früh hier? Ich schaute auf meine Uhr – noch zwanzig Minuten bis vier. Der Schuft wollte mich beobachten, mich ausspionieren, und in den nächsten Tagen durfte ich dann garantiert herrliche Kommentare hören, wie wunderbar ich mich mit der Dame unterhalten hätte, ob ich denn nicht auch langsam ans Heiraten denken wolle, ich sei ja jetzt alt genug. Diese Tour kannte ich zur Genüge. Gauner, elender!

»Haben Sie was?« fragte Brigitte.

»Wie bitte?« Ich schaute sie überrascht an.

»Ach so, nein«, sagte ich und merkte, daß Thomas geradewegs auf uns zukam.

Was wollte der denn jetzt? War nicht ausgemacht, daß wir uns auf gar keinen Fall in die Quere kommen wollten?

Thomas baute sich vor unserem Tisch auf, nickte Brigitte freundlich zu und reichte mir dann den Strauß roter Rosen.

»Hier«, sagte er, »wie ausgemacht.«

Brigitte schaute genauso überrascht wie ich.

»Wissen Sie«, fuhr Thomas fort und richtete sich an sie, »eigentlich wollte ich es nicht verraten, aber weil Sie ihm so gut gefallen, sage ich es doch: Wir haben ein geheimes Zeichen miteinander ausgemacht, daß ich ihm schnellstens Rosen besorgen solle, falls er Sie nett findet.« Er hielt inne, schaute mich hinterhältig lächelnd an. »Er will Sie Ihnen verehren, weil Sie ihm auf Anhieb so sympathisch sind. Er ist so schüchtern.« Brigitte strahlte.

131

»Nein, das ist ja… Ich kann's gar nicht glauben«, sie stotterte, »also, daß Sie so aufmerksam sind! Wo wir uns doch gar nicht richtig kennen. Also deswegen fingen Sie plötzlich an, von Ihrem Freund Günther zu erzählen! Ich habe noch überlegt, was Sie auf einmal mit Ihrem Freund wollen, also so ist das! Und Sie sind Günther«, sagte sie, zu Thomas gewandt. Sie stand auf, schüttelte ihm die Hand. »Setzen Sie sich doch zu uns, hier ist noch ein Stuhl!«

»Nein danke«, entgegnete Thomas, »tut mir leid, ich habe einen dringenden Termin, ich muß wieder gehen. Aber ich möchte sehen, wie er Ihnen die Blumen schenkt. Schließlich hat er sie bezahlt.«

Der Schuft! Der Lump! Der Hund! Ich hätte ihn alles heißen können, war aber immer noch sprachlos. In welche Situation brachte er mich denn! Schwerfällig erhob ich mich, sah Thomas breites Grinsen und Brigittes leuchtende Augen.

»Hier«, sagte ich und reichte ihr die Blumen, »unsere kleine Aufmerksamkeit.«

»Sie sind verrückt«, hauchte sie und dann ging alles so schnell, daß ich nur noch die erstaunten, weit aufgerissenen Augen der Gäste rings um mich wahrnahm, die allesamt auf mich gerichtet waren: Brigitte umarmte mich stürmisch und küßte mich auf alle ihr zugänglichen Stellen in meinem Gesicht. Bevor ich irgendwie wieder auf meinem Stuhl zu sitzen kam, hörte ich das begeisterte »Zugabe, Zugabe«-Rufen drei Tische weiter, vernahm das rhythmische Klatschen und Lachen zweier Frauen und sah Thomas grinsendes Gesicht.

Ich aber war viel zu überwältigt, um an Rache zu denken.

Der Blumenstrauß brachte Brigitte so richtig in Fahrt. Sie erzählte mir aus ihrer Jugend, von ihrer beruflichen Tätigkeit und ihren Hemmungen. Sie war ohne Zweifel eine bezaubernde junge Frau mit viel Charme – aber, Menschenskind, ich hatte sie doch Günther vorstellen wollen!

Damit wurde es an diesem Tag jedoch nichts mehr, denn Brigitte ließ es einfach nicht zu, daß ich ausführlicher auf Günther zu sprechen kam. Und als ich mir abends, nachdem wir das dritte Lokal verlassen hatten, um uns – getrennt – auf den Nachhauseweg zu machen, endlich ein Herz faßte, ihr zu berichten, daß ich das Treffen heute nachmittag nur veranstaltet hatte, um für Günther eine Frau zu finden, sah sie mir lange und tief in die Augen und warf mir sechs Worte entgegen, die mir durch Mark und Bein fuhren:

»Ich will nur dich, sonst niemand!«

Ich brachte sie schnell zur S-Bahn, ging anschließend in die Bahnhofskneipe und kippte mir dort drei Bier runter. Meine Knie zitterten, und in meinem Kopf schwirrten wirre Gedanken, aber nicht des Alkohols, sondern allein Brigittes wegen. Und so sehr ich mich auch darüber ärgerte, daß es mir nicht gelungen war, sie für Günther zu begeistern, wußte ich doch eines: Sie war eine wirklich bezaubernde und interessante junge Frau!

Dr. Frühlings liebstes Liebesgericht

Wenn zwei sich gern haben, sollten sie sich gemeinsam ein Liebesmahl anrichten, damit's noch schöner wird…
Heute:

Auberginenlammfleischtopf

Zutaten: 3 Auberginen, 500 g mageres Lammfleisch, 200 g Zucchini, 3 rote Paprikaschoten, 4 Tomaten, 250 g grüne Bohnen, Pfeffer, Paprika, 2 Zwiebeln, Salz, 1 Zitrone, Olivenöl, ca. ½ l Fleischbrühe.

Zubereiten: Die Auberginen in Scheiben schneiden, Salz und Zitronensaft darübergeben und 20 Minuten ziehen lassen. Das Fleisch und die Zwiebeln in kleine Stücke schneiden, das Öl erhitzen. Dann das Fleisch mit den Zwiebeln im Öl anbraten. Brühe auffüllen und ca. 30 Minuten schmoren. Dann die Zucchini in Scheiben und die Paprika in Streifen schneiden. Die Tomaten überbrühen, danach abziehen und in Stücke schneiden, anschließend mit den Bohnen und abgegossenen Auberginenscheiben zum Fleisch dazugeben. Zusammen kochen und ca. 15 Minuten garen lassen. Später mit Gewürzen reichlich garnieren. Guten Appetit und angenehme Stunden danach!

Ihr Dr. Frühling

»Wie geht es Brigitte?« fragte Thomas frech, grinste
und trommelte fröhlich auf den Küchentisch. »Ange-
nehmen Abend verbracht?«
Ich wollte ihm eine rüde Antwort geben, brachte es
aber nicht fertig.
»Und dein Elfriede-Schatz«, fragte ich stattdessen,
»was hat der mit dir unternommen?«
»Nichts«, sagte er, »gar nichts.«
»Wie meinst du das?«
»Mein Elfriede-Schatz hat mit mir nichts unternom-
men, weil er erst gar nicht aufgetaucht ist.«
»Nicht aufgetaucht?«
Ich hatte ihn nicht mehr gesehen, weil wir auf Brigittes
Wunsch bald, nachdem er die Blumen gebracht hatte,
das Café verließen und durch die Fußgängerzone
bummelten. Infolgedessen hatte ich sein Treffen mit
Elfriede leider nicht beobachten können.
»Die liebe Elfriede hat uns versetzt.«
»Dich.«
»Uns. Schließlich war ich für Günther unterwegs und
habe deswegen auf mein Tennis verzichtet.«
»Spitze«, sagte ich, »toll! Die liebe Elfriede! Ist mir di-
rekt sympathisch!«
»Langsam wird es kritisch«, erklärte Thomas und grin-
ste, »die Frauen, die wir für Günther aussuchen, spielen verrückt: Elfriede taucht erst gar nicht auf, und
Brigitte bändelt gleich mit dir an. War aber eigentlich
von Anfang an zu befürchten, bei deinem Charme!«
»Ich hab' noch was gut«, antwortete ich, »irgendwann leg ich dich ebenfalls rein, Bursche! Paß nur auf,

daß ich den Spieß nicht umdrehe! Wieso ist Elfriede nicht gekommen? Hat sie angerufen?«

»Wie sollte sie? Sie hat doch keine Nummer. Aber als ich zwanzig Minuten nach vier im Café immer noch allein am Tisch saß, kam der Kellner zu mir und fragte, ob ich auf eine Elfriede Weiler warte. Als ich bestätigte, gab er mir einen kleinen Zettel. Hier ist er.«

Er zog ein zerknülltes Blatt Papier aus seiner Jackentasche und reichte es mir. Die krakelige Handschrift war nur schwer zu entziffern.

16,15 Uhr, Sonntag. Soeben Anruf von Frau Elfriede Weiler erhalten. Sie hat heute morgen den Mann ihres Lebens kennengelernt auf eine andere Heiratsannonce hin und hat jetzt kein Interesse mehr. Sie wünscht aber einen schönen Sonntagabend.

Ich las den Text zu Ende, grinste.

»So dreckig lachte mich der Kellner auch an, als er mir den Fetzen überreichte«, meinte Thomas, »genau wie du. Daß er den Text nicht laut vorlas, war alles.«

Ich konnte nicht mehr an mich halten, lachte laut.

»Das war die Strafe«, erklärte ich ihm, »für den Blumenstrauß.«

»Den ich Idiot auch noch bezahlt habe.«

»Genau.«

»Gehe ich recht in der Annahme, daß ich dieses Geld niemals erstattet bekomme?«

»Vollkommen korrekt diese Schlußfolgerung.«

»Ich hätte in den Boden versinken können«, erklärte er, »als der Kellner mir diese Absage überbrachte.«

»Der Mann hat sich bestimmt nichts Schlimmes dabei gedacht.«

»Bestimmt nicht. Der hat nur beinahe nicht mehr an sich halten können vor lauter Lachen.«

»Ich schließe mich ihm gern an«, erklärte ich, »und die Frau Elfriede werde ich nie vergessen.«

»Dafür rufen wir jetzt die Nachdenkliche an.«

»Jetzt?«

»Warum nicht?«

»Es ist kurz nach Zehn. Um diese Zeit liegen normale Leute im Bett.«

»Die Nachdenkliche nicht. Die wartet auf unseren Anruf!«

»Du bist verrückt.«

»Nach dem Reinfall mit Elfriede heute mittag brauche ich einen Ausgleich.«

»Vielleicht sagt sie uns am Telefon schon ab, wenn sie deine verkratzte Stimme hört.«

»Dann ruf du an, du großer Charmeur. Wir dürfen sie nicht länger warten lassen!«

»Also gut. Gib den Apparat her, sonst habe ich doch keine Ruhe!«

Er reichte ihn mir, legte den Brief mit ihrer Nummer dazu. Diesmal klappte es auf Anhieb.

»Hallo«, sagte ich.

»Guten Tag.«

»Entschuldigen Sie bitte, daß ich so spät anrufe. Ich melde mich wegen der Bekanntschaftsanzeige und Ihrem Brief.«

»O ja, ich habe schon auf Ihren Anruf gewartet.«

»Die hat aber eine tiefe Stimme«, flüsterte Thomas, der eng an mich gepreßt auf der Sessellehne saß, um jedes Wort verstehen zu können. Ich mußte ihm recht geben, die Stimme hatte mich selbst überrascht.

»Das ist gut, dann haben Sie noch Interesse?«

»Hätte ich sonst geschrieben?«

»Klar. Ich muß Ihnen aber gleich reinen Wein einschenken: Es geht nicht um mich, sondern um meinen Freund.«

»Wie meinen Sie das?«

»Ich habe die Annonce für meinen Freund aufgegeben. Er ist etwas schüchtern, wissen Sie. Sie sind mir doch nicht böse, daß ich Sie gleich mit dieser Information überfalle.«

»Nein, nein«, antwortete die Frau, »im Gegenteil. Wann kann ich ihn treffen?«

»Ist es Ihnen recht, wenn ich Sie zu ihm begleite?«

»Aber sicher, das werden wir schon schaukeln. Vielleicht übermorgen abend, am Dienstag?«

»Einverstanden, 18 Uhr?«

»Gut«, sagte die Frau, »und wo treffen wir uns?«

Ich erklärte ihr, wo Günther wohnte, sagte aber nichts vom Kloster. Es dauerte eine Weile, bis ihr klar war, wie sie hinfinden würde.

»Dann treffen wir uns am Dienstag gegen 18 Uhr dort.«

»Prima«, sagte ich, »bis dann!«

»Wiederschaun!«

Ich legte den Hörer auf.

»Ist das ein Mannweib!« brummte Thomas, »die wird Günther bestimmt nicht gefallen.«

»Vielleicht nur der Stimme nach.«

»Bestimmt nicht! Die hat garantiert eine Figur wie eine Walküre.«

»Warten wir es ab! Du gehst doch mit?«

»Klar«, sagte er, »diesen weiblichen Tarzan möchte ich mir ansehen.«

»Günther müssen wir auch verständigen.«

»Vorher.«

»Klar. Aber wann? Heute noch?«

»Unmöglich«, argumentierte Thomas, »sonst haut der

ab und ist Dienstagabend nicht da, vor lauter Angst. Wir rufen ihn erst kurz, bevor wir kommen, an, damit er sich noch etwas herrichten kann. Einverstanden?« »Ja«, sagte ich, »klingt ausnahmsweise überzeugend, was du von dir gibst.«

27

Von Stuttgart nach Heidelberg fahren jede Stunde vier Züge. Ich verzog mich gegen drei aus dem Amt und nahm den Intercity, weil der nur vierzig Minuten für die 120 Kilometer benötigt.

Wenn Sie Heidelberg kennen, werden Sie vielleicht verstehen, wie wohl ich mich in der Fußgängerzone mitten in der prächtigen Altstadt fühlte. Links und rechts die schön restaurierten Fassaden alter Bürgerhäuser, dazwischen schmale Gassen, die zum Neckar hinunter bzw. zum Schloß hinaufführen. Alle paar Meter ein uriges Lokal oder eine berühmte Kneipe, die schon Generationen von Studenten Unterhaltung und Kurzweil geboten haben.

Straßenmusikanten belebten die Szene ebenso wie junge Leute, die Flugblätter verteilten. Ich ließ mich in der Menge aus Studenten, Spaziergängern und Touristen treiben, schielte immer wieder auf die kleine Visitenkarte mit *ihrer* Adresse, die ich in der Hand hielt, und verfolgte die Nummern der Häuser, an denen ich vorbeikam.

Ob ich *sie* persönlich antreffen würde? Und wie *ihr* Büro wohl aussah? Kleine, behagliche Räume vielleicht, in einem der prächtigen alten Häuser? Oder eher moderner Stil mit modischer Einrichtung?

Ich spürte, wie heftig mein Herz klopfte, beachtete kaum noch die Menschen um mich herum. In wenigen Minuten würde ich *ihr* gegenüberstehen. Nach mehreren vergeblichen Anläufen hatte ich es endlich geschafft.

Ich kam am Universitätsplatz vorbei, auf dem sich zwar kaum Studenten, dafür aber scharenweise Japaner und Amerikaner tummelten, näherte mich der Heiliggeistkirche. Händler mit Trödelkram hatten das Vorfeld des Gotteshauses besetzt, von Urlaubern neugierig umringt. Ich betrachtete den stolz in den Himmel ragenden Turm der Kirche, drehte mich auf die andere Seite, wo die prächtig geschmückte Renaissance-Fassade des Hotels »Zum Ritter« Touristen anlockte. Und dann – nur wenige Häuser weiter – hatte ich *ihre* Nummer entdeckt.

Heirats- und Bekanntschaftsinstitut Heidelberg verkündete das sorgsam verzierte Schild neben dem Eingang. Von *ihrem* Namen keine Spur.

Ich läutete, wurde von einer Stimme aus der Sprechanlage begrüßt.

»Guten Tag. Sie wollen zum Institut?«

»Gerne.«

»Ich öffne.«

Das Schloß an der Tür summte, ich drückte, lief durch den schmalen Gang. Ein Wegweiser an der Wand wies mit einem Pfeil darauf hin, daß das Institut eine Treppe höher im 1. Stock lag.

Ich stieg die Stufen empor, schob meine Jacke zurecht, überprüfte mein Hemd und meine Hose und fuhr mir durch die Haare.

Oben wurde ich schon erwartet.

»Darf ich Sie hereinbitten«, empfing mich die Dame und reichte mir die Hand.

Sie war um die Vierzig, schlank, gepflegt und mit angenehmer mütterlicher Ausstrahlung, auf den ersten Blick sympathisch.

»Wir helfen Ihnen gerne«, eröffnete sie mir und führte mich in einen kleinen Raum, der gemütlich eingerichtet war. Ein Küchenschrank aus hellem Holz, zwei große, an der Lehne durch Schnitzereien verzierte Stühle, ein breites Sofa und ein uriger Tisch, wie in einer bäuerlichen Wohnstube. Allein der Schreibtisch im Eck mit der Schreibmaschine, dem Telefon und dem großen Aktenschrank sowie dem Waschbecken daneben störte das traute Bild.

»Nehmen Sie Platz«.

Ich bedankte mich, ließ mich auf das Sofa sinken.

»Bei uns sind Sie an der richtigen Stelle.«

»Ich hoffe doch«, erwiderte ich.

»Ganz bestimmt! Wir sind absolut vertrauenswürdig.«

»Das glaube ich Ihnen gerne. Aber ich...«

»Wenn Sie uns Ihr Vertrauen schenken, werden Sie Heidelberg in bester Erinnerung behalten.«

»Daran habe ich keine Zweifel. Aber ich...«

»Sie sind doch nicht von hier?«

Ich schüttelte den Kopf.

»Ich habe es sofort an Ihrer Sprache bemerkt. Ihr Dialekt geht mehr nach Süden.«

»Richtig. Ich lebe bei Stuttgart.«

»Na, das ist ja prima. Genau das richtige Umfeld für uns.«

Ich war beeindruckt von ihrer Ausstrahlung und der netten Atmosphäre. Verstohlen blickte ich mich im Raum um. Insgeheim wartete ich darauf, daß jetzt irgendwo eine Tür aufging und *sie* hereintrat.

»Ja, die Liebe«, flötete die Dame und seufzte wie in einem Hollywood-Film.

»Oh, Sie wissen?« stotterte ich verlegen und spürte, wie mir das Blut in den Kopf schoß und mein Gesicht rot anlief.

»Na ja«, meinte sie, »über etwas Menschenkenntnis verfüge ich schon.«

Ich war ziemlich perplex, daß man mir schon von weitem ansah, weshalb ich nach *ihr* suchte!

»Darf ich Ihnen einen Kaffee anbieten?« fragte sie.

»Oh, vielen Dank, gerne.«

Sie holte eine Kaffeemaschine aus dem Schrank, füllte Wasser und Kaffee ein und schaltete sie an. Dann setzte sie sich zu mir an den Tisch.

»Wissen Sie, manches im Leben scheint uns unbegreiflich, Krankheiten tauchen auf, Schmerzen, Leid. Zeitweise geht es wirklich nur abwärts. Irgendwie kommen wir uns dann verloren vor, einsam, verlassen. Niemand ist da, der an uns denkt. Kein Herz, das für uns schlägt. Keine Seele, die für uns fühlt. Alles ist kalt, ohne Wärme, dunkel, ohne Licht. Fehlt uns die Liebe, ist das Leben ohne Sinn. Die Liebe aber kann unsere Existenz verändern, die ganze Welt verwandeln. Mit Liebe geht es auf einmal aufwärts, kommt Sonne, Wärme, Licht in unseren Alltag. Die Kälte weicht zurück, Kraft strömt in unsere Körper, unsere Seelen tauen auf.

Menschen sind da, die an mich denken. Herzen, die für mich schlagen. Mein Leben bekommt ein Ziel. Ich weiß endlich, wozu ich lebe, ich verstehe, was das alles soll. Jetzt hat mein Dasein Sinn, scheint für mich die Sonne alle Tage. Ich bin auf der Welt, um Freude zu empfinden, Glück, Begeisterung. Wie ein Baum die Strahlen der Sonne benötigt, um wachsen und gedeihen zu können, so brauche ich die Kraft der Liebe, damit aus meinem langweiligen und sinnentleerten Alltag ein sinnerfülltes Leben in Glückseligkeit wird. Die Liebe allein kann uns das schenken. Glücklich der Mensch, der sich ihr so weit öffnet, daß sie sein Leben verzaubern kann.« Sie sah mich intensiv an, mit großen, dunklen Augen, erhob sich dann langsam.

Ich wagte kaum, etwas zu sagen.

»Das haben Sie sehr schön formuliert«, erklärte ich schließlich, während sie Kaffee ausschenkte.

»Das freut mich«, meinte sie, reichte mir eine Tasse und bat mich, den Kaffee zu genießen.

Ich nippte einen Schluck, bedankte mich.

»Sie sind wirklich sehr freundlich.«

»Wissen Sie, ich tue es gern. Ich rede gern mit Menschen darüber, zu überlegen, was uns davon abhält, Liebe zu leben. Gibt es einen einzigen Grund, weiter ohne Liebe durchs Leben zu gehen? Ich weiß nicht, wie viele Sonnenaufgänge mir auf diesem Erdball noch geschenkt sind. Wissen Sie, wie viele Sie noch erleben dürfen? Eines ist mir klar: Allzu viele werden es nicht mehr sein. Jede Stunde, jede Minute ist kostbar: Heute noch sollten wir gemeinsam anfangen, unseren Alltag mit Liebe zu erfüllen, unser Leben völlig neu zu gestalten. Ich frage Sie: Sind Sie bereit, mitzutun? Geben Sie der Liebe eine Chance, Ihr Leben umzukrempeln?«

Sie hob ihre Tasse, nickte mir zu, trank. Ich war richtig ergriffen von ihren salbungsvollen Worten, saß sprachlos auf dem Sofa, schaute zu Boden. Mir kam das alles vor wie in der Kirche bei der Predigt, fehlte nur noch das Brausen der Orgel.

Die Frau stellte ihre Tasse wieder auf den Tisch, lief ans andere Ende des Zimmers und kramte eine dicke

Mappe vor. Dann reichte sie mir das in Leder einge-
bundene voluminöse Werk.

»Ich möchte Ihnen jetzt einen kleinen Überblick über
unsere Dienstleistungen vermitteln«, erklärte sie,
»damit Sie in Ruhe überlegen und sich entscheiden
können.«

Ich betrachtete die schwere Mappe in meinen Händen,
las den Aufdruck.

*Heirats- und Bekanntschaftsinstitut Heidelberg. Unsere An-
gebote für unsere Kunden.*

Langsam dämmerte mir, was meine freundliche Gastgeberin mit mir vorhatte.

»Oh«, sagte ich schnell, »ich glaube, Sie verstehen
meinen Besuch…«

»Nein, nein«, entgegnete sie, »keine Angst, Sie können mir wirklich vertrauen.«

»Schon«, sagte ich, »das bezweifle ich nicht. Aber…«

»Auf der ersten Seite finden Sie einen Überblick. Sie
können alles in Ruhe ansehen und müssen sich kei-
nesfalls sofort entscheiden. Lassen Sie sich nur Zeit…«

»Ich suche Frau Sproll«, sagte ich.

»Wie bitte?«

»Frau Katharina Sproll.«

Sie lachte laut.

»Und ich dachte, Sie wären ein neuer Kunde!«

Ich hatte die Mappe aufgeschlagen, sah plötzlich *sie* vor
mir.

Unsere Mitarbeiter stand als Überschrift über der Seite,
darunter drei Photos von zwei jungen Männern und
ihr. Direkt daneben *ihr* Name: Katharina Dorothea
Sproll.

»Ich muß Sie enttäuschen«, sagte die Frau, »sie ist
nicht hier.«

»Nicht?«

Der Schock war mir wohl ins Gesicht geschrieben.

»Tut mir wirklich leid, aber Frau Sproll ist gerade unterwegs.«

»Privat?«

»Beruflich«, erwiderte sie, »auf einer Single-Tour. Wir sind kein gewöhnliches Bekanntschaftsinstitut, wir unternehmen vieles, um Leute so zusammenzuführen, daß sie aneinander Gefallen finden. Aber wenn Sie Frau Sproll besuchen wollen, sie ist vierzehn Tage in der Schweiz unterwegs. Fahren Sie doch hin, wenn Sie sich für sie interessieren.«

»In die Schweiz?«

»Warum nicht? Mir scheint, Ihnen liegt einiges an ihr?«

Ich lief vor Verlegenheit rot an.

»Sie brauchen sich deswegen nicht zu genieren«, meinte sie, »Interesse für so eine hübsche und charmante junge Frau ehrt jeden Mann.«

»Danke«, sagte ich.

»Also. Fahren Sie doch am Wochenende.«

»Können Sie mir sagen, wo ich Katharina, äh, Frau Sproll, finde?«

»Hier ist unser Programm«, sie reichte mir ein großes, eng bedrucktes Blatt, »daraus ersehen Sie, wo sie sich gerade befindet. Sie und ihre Gruppe reisen mit dem Swiss Pass im ganzen Land umher. Die Fahrkarte erlaubt vierzehn Tage lang freie Fahrt mit allen Zügen, Bergbahnen, Bussen und Schiffen der gesamten Schweiz. Eine prächtige Sache! Die Leute lernen dabei die schönsten Regionen kennen. Wir haben mit dieser Art, gemeinsam auf Tour zu gehen und sich dabei näherzukommen, sehr gute Erfahrungen gemacht. Die Vielfalt beeindruckender Landschaften, verbunden mit einer angenehmen Gruppenatmosphäre, läßt zwischenmenschliche Beziehungen auf völlig natürliche Art entstehen und wachsen. Wir bieten diese Touren für verschiedene Länder an.«

»Und wo finde ich Frau Sproll am Wochenende?«

»Am Freitag fährt die Gruppe von Klosters über den Albula ins Engadin und am Bernina-Gletscher entlang zum Bernina-Paß. Irgendwann abends kommen sie dann nach Alp Grüm, wo sie im Bahnhof übernachten. Wann sie wo losfahren und wann sie ankommen, bleibt den einzelnen Teilnehmern selbst überlassen. Sie müssen sich nicht Frau Sproll anschließen, können dies aber tun. Jeder hat seinen eigenen Swiss-Pass und kann fahren, wann er will. Die Züge fahren alle Stunde. Abends treffen sie aber auf jeden Fall zusammen, weil wir für alle eine Pension reserviert haben. Am Freitag ist das der Bahnhof von Alp Grüm.«

»Der Bahnhof?« fragte ich skeptisch.

Die Frau lachte.

»Fahren Sie hin! Unbedingt. Alp Grüm besteht nur aus dem Bahnhof und zwei Hütten. Keine Straße, nur die Bahnlinie. Und er liegt mitten in einer bezaubernden Landschaft, so schön können Sie es sich nicht träumen, nutzen Sie die Chance!«

Als ich auf der Rückfahrt in Stuttgart in den Eilzug umstieg, kaufte ich mir das Ticket. Fürs kommende Wochenende. Nach Alp Grüm.

28

»Das Mädchen vom Zug hat uns geantwortet«, sagte ich am Telefon.

»Welches Mädchen?« fragte Günther.

»Die dir so gut gefallen hat, damals im Zug.«

»Die?«

»Genau die!«

»Ja, und wie hast du sie gefunden?«

»Wir haben eine Anzeige aufgegeben, Thomas und ich, und sie hat sich tatsächlich gemeldet.«

»Eine Anzeige? Ich habe euch doch extra verboten...«

»Schon gut! Aber wir haben die Anzeige trotzdem aufgegeben.«

»Ihr spinnt!«

»Kann sein, aber in genau zwei Stunden stehen wir beide mit ihr vor dem Kloster und besuchen dich. Also um 18 Uhr bist du sauber gewaschen und angezogen empfangsbereit für *die* Chance deines Lebens.«

»Ihr habt sie wohl nicht alle!«

»Möglich. Aber, wie gesagt, jetzt in genau zwei Stunden, nein, in einer Stunde und 58 Minuten sind wir zu dritt bei dir.«

»Nein!«

»Doch!«

»Ich haue ab! Ich bin nicht da, wenn ihr kommt.«

»Dann stellen wir das ganze Kloster auf den Kopf. Wir gehen zur Oberin und erklären ihr die Sachlage.«

»Nein«, schrie er, »bloß nicht!«

»Also, dann empfängst du uns!«

»Ihr seid verrückt!«

»Nur zu deinem Glück!«

»Spinner!«

»Danke!«

»Ihr macht mich vollends fertig!«

»Nein, nur völlig happy! Was glaubst du, was heute nacht im Kloster läuft, wenn sie bei dir übernachtet.« Das Gespräch war beendet, Günther hatte den Hörer aufgelegt. Der arme Mann war bestimmt schockiert, aber ich hatte ihm den Anruf nicht ersparen können, weil wir ihn sonst gegen 18 Uhr sicher nicht in gepflegtem Zustand angetroffen hätten. Seine Arbeit brachte dies einfach mit sich.

Thomas klopfte ungeduldig an die Tür der Telefonzelle. Er hatte mich direkt im Finanzamt abgeholt.

»Bist du endlich fertig?« fragte er, »ich will fahren.«

»Okay«, sagte ich, »ich komme.«

Unsere Günther-Beglückungs-Aktion begann.

29

Zehn Minuten vor Sechs standen wir vor dem Haupteingang des Klosters. Ein weibliches Wesen war nirgends zu entdecken.

»Hoffentlich versetzt die uns nicht auch noch!« meinte Thomas besorgt.

»Mich hat noch niemand versetzt.«

»Ach, tu doch nicht so. Wenn *du* das Treffen mit Elfriede ausgemacht hättest...«

»... wäre sie garantiert erschienen!«

»Blödkopf.«

»Ebenfalls.«

»Mir ist nicht nach Scherzen zumut«, erklärte er, »was machen wir, wenn sie tatsächlich nicht kommt?«

»Menschenskind, jetzt sieh doch nicht so schwarz! Nur weil deine Elfriede...«

»Sie ist nicht meine Elfriede!«

»Na gut, aber warum solche Panik? Brigitte ist doch auch gekommen.«

»Aber nehmen wir mal an, es passiert doch. Was dann?«

»Dann ist unsere Aktion beendet.«

»Und du glaubst, Günther nimmt das so hin, wo wir ihn jetzt verrückt gemacht haben mit unserer Ankündigung?«

»Es wird ihm nichts übrigbleiben.«

»Wenn das heute abend nichts wird, bringen wir ihn wohl kaum noch dazu, sich mit anderen Frauen zu treffen.«

»Mit was für anderen Frauen?«

»Die auf unsere Annonce antworten.«

»Wart erst mal ab, ob überhaupt noch Briefe kommen.«

»Das brauchen wir erst gar nicht abwarten.«

»Wieso?«

»Heute morgen brachte der Briefträger ein neues Paket.«

»Nein! Das sagst du mir erst jetzt?«

»Wann denn sonst?«

»Wie viele Briefe waren drin? Hast du gezählt?«

Ein Auto hielt, ein Mann stieg aus.

»Halt dich fest!«

»Wieso?«

»Du sollst dich festhalten. Hier, an diesem Laternenpfahl.« Er grinste mich spitzbübisch an, öffnete dann seinen Mund und preßte die Buchstaben langsam, einzeln betonend, vor. »Achtunddreißig.«

»Nein!«

»Achtunddreißig Briefe!«

»Achtunddreißig? Und das wegen dieser Anzeige?«

Der Mann aus dem Auto stand vor mir, einen bunten Blumenstrauß in der Hand.

»Anzeige!« sagte er, »da bin ich bei Ihnen wohl richtig!«

Dann schaute er Thomas an. »Und das ist sicher Ihr Freund!«

Ich verstand nicht, was er wollte.

»Wer? Was?«

»Ich komme wegen Ihrer Annonce«, erklärte er, »wir haben doch…«

Die Stimme kam mir irgendwie bekannt vor. Für einen Mann klang sie ziemlich hoch.

»… miteinander telefoniert.«

»Wir?«

»Vorgestern«, erklärte der Mann, »auf meinen Brief hin.«

Ich kapierte immer noch nicht.

»Hast du mit einem Mann telefoniert?« fragte ich Thomas.

»Nein, Sie waren es«, sagte der Mann zu mir, »ich erkenne Sie doch an der Stimme! Um sechs Uhr wollten wir uns hier treffen, damit ich Ihren Freund kennenlernen kann.«

Er lächelte Thomas freundlich zu, verneigte sich vor ihm, überreichte ihm den riesigen Blumenstrauß.

»Wie?« fragte Thomas überrascht, »also ich verstehe im Moment nur Bahnhof.«

»Mir geht es nicht anders.«

»Aber Sie haben mich doch hierher bestellt.«

Mit einem Mal fiel es mir wie Schuppen von den Augen.

»Sie?« rief ich laut.

»Ja«, sagte der Mann, »warum nicht?«

»Sind Sie verrückt?«

»Aber bitte!«

»Ich suche doch eine Frau!« brüllte ich, »für unseren Freund!«

Thomas hatte Augen und Mund vor Überraschung weit aufgerissen.

»Sie haben mit uns telefoniert? Sie?« Seine Stimme klang ganz schrill, sie überschlug sich beinahe.

»Ihre Anzeige war so schön formuliert«, erklärte der Mann, »und da ich mich zu Männern hingezogen fühle...«

»Danke«, sagte Thomas und drückte ihm etwas unwirsch seinen Blumenstrauß in die Hand, »nehmen Sie! Vielen Dank!«

Er zog mich am Ärmel von dem Mann weg und schlug den Weg in den nahegelegenen Wald ein. Ich ließ den Fremden stehen.

»Gibt's das wirklich?« stammelte Thomas.

Günther war sauer wie nie zuvor.

»Zuerst mich verrückt machen, und dann klappt es nicht!«

»Reg dich ab! Immerhin haben wir uns sehr bemüht, das Mädchen wiederzufinden. Du solltest uns dankbar sein!«

»Dankbar? Und wofür bitte?«

»Wer hat denn die Annonce aufgegeben, den Kontakt aufgenommen, alles in die Wege geleitet? Was können wir dafür, wenn es in letzter Sekunde nicht klappt?«

»Alles wegen mir?«

»Klar. Warum denn sonst?«

»Aber wie habt ihr sie gefunden? Nur mit *einer* Anzeige?«

»Also, das war so«, erklärte Thomas, »wir gaben eine Annonce in der ›RHEINPFALZ‹ in Landau auf.«

»Und darauf hat sie geantwortet?«

Thomas schaute mich fragend an.

»Sag ihm die Wahrheit«, brummte ich, »es hat doch keinen Sinn, alles länger zu verheimlichen.«

»Was zu verheimlichen?« fragte Günther.

»Sie hat nicht geantwortet«, erklärte ich.

»Aber wie habt ihr sie denn gefunden?«

»Wir haben sie nicht gefunden.«

»Aber...?«

Günther wußte offensichtlich nicht mehr weiter.

»Sie hat nicht geantwortet«, sagte Thomas, »wahrscheinlich hat sie unsere Anzeige gar nicht gelesen.«

»Ja, aber...«

»Laß mich doch ausreden! Daraufhin haben wir eine andere Annonce aufgegeben.«

»Eine andere?«

»Ja, eine Anzeige, in der wir nach einer Frau suchen.«

»Nach ihr?«

»Nein, nach einer Frau.«

»Nach irgendeiner?«

»Nicht nach irgendeiner. Nach einer Frau, die nachdenklich ist, die die Natur liebt, viel Verständnis für philosophische Gedanken hat, die einen Mann mag, der sehr zurückgezogen lebt. Eine Frau, der es mehr aufs Innere als aufs Äußere ankommt.«

»Für wen?«

Thomas schwieg, ich ebenso. Günther benötigte einige Minuten, bis er endlich verstand.

»Doch nicht etwa für mich?«

»Für wen denn sonst?« sagten Thomas und ich gleichzeitig.

Was dann folgte, möchte ich hier lieber übergehen. Ich habe Ihnen Günther bisher von seiner besseren Seite vorgestellt, dabei soll es auch bleiben. Jeder Mensch hat Augenblicke, wo es nicht so läuft, wie es soll. Davon ist niemand von uns frei. Bei Günther traten sie an diesem Abend sehr konzentriert auf, wahrscheinlich waren es die angestauten Aggressionen der letzten zehn Jahre, die er nun freisetzte. Daher teile ich Ihnen nur die absolut letzten Worte mit, die er uns mit vor Wut verzerrter, sich überschlagender Stimme nachschrie, als wir aus seiner Behausung flüchteten.

»Ich will euch nie, nie, nie mehr sehen! Nie, nie, nie...«

Dabei dauerte es nur einige Tage, bis er seine Meinung in dieser Beziehung grundlegend änderte. Es war eben wirklich eine besondere Situation an diesem Abend.

Dr. Frühlings liebstes Liebesgedicht

Nachts lieg ich in meinem bett und kann nicht schlafen,
ich sehne mich nach dir, ich such dich, du,
komm, küß mich doch, küß mich doch,
deine zärtlichkeit berauscht mich mehr als wein.
alle mädchen schwärmen von dir, komm doch zu mir,
rasch, nimm meine hand,
leg deinen arm um mich, halte mich fest, ganz fest,
wir wollen uns lieben,
ich will glücklich sein mit dir,
komm doch endlich, ich kann es nicht mehr erwarten,
komm.
was fragst du noch, mein mädchen, du weißt es doch,
du mein schönes,
du verzauberst mich mit deinen augen,
du, oh, du weißt doch, wie sehr mir alles gefällt an dir,
deine augen,
deine lippen,
deine zähne,
deine haare,
deine wangen,
dein hals,
deine brüste,
du hast mir das herz genommen,
komm her zu mir.

Aus dem Hohelied der Bibel

31

»Manchmal frage ich mich, ob Günther nicht doch ein Stück weit Recht hat mit seinen Träumen von der großen Liebe«, sagte ich auf der Rückfahrt.

Thomas starrte mich mit großen Augen an.

»Hast du Probleme?« fragte er, »was ist denn los mit dir?«

»Erinnerst du dich daran, was ich dir über meinen Freund Hamid erzählte.«

»Ach was«, antwortete er, »das ist doch nicht unsere Welt!«

»Aber manchmal macht es mich doch nachdenklich, wenn ich an ihn denke und an sein Glück. An sein Glück, das er wirklich erlebt, wohlgemerkt.«

Mein Freund Hamid war Perser, etwa zehn Jahre älter als ich. Ich hatte ihn zu Anfang meines Studiums an der Uni kennengelernt, als er mit der Schwester meiner damaligen Freundin befreundet war.

Hamid war in Europa, um Maschinenbau zu studieren und später im Iran die Firma seines Vaters zu übernehmen. Seine Eltern ließen ihm jeden Monat finanzielle Unterstützung zukommen und erwarteten regelmäßig ausführliche Berichte über seine korrekte, am Koran orientierte Lebensweise, die den Konsum von Schweinefleisch, Alkohol und Zigaretten ebensowenig gestattete wie die Beziehung zu einer Frau, solange er nicht verheiratet war. Und diese Heirat, auch das war klar geregelt, würde er nur mit einer Frau vollziehen, die ihm von seinem Vater ausgesucht worden war.

Hamid war gerade im achten Semester, als das Telegramm aus Teheran eintraf:

Sorge für einen schnellen Abschluß Deines Studiums, ich
habe eine Frau für Dich ausgesucht. Ich bin mit ihrem Vater
einig. Die Hochzeit findet heute in genau fünf Monaten statt.
Dein Vater.

»Und jetzt?« hatte ich ihn gefragt, »was machst du?«
Er war seit über zwei Jahre mit Stefanie, einer Deutschen, befreundet, hatte sich im Verlauf seines Aufent-
haltes im Westen den Sitten des Landes mehr und
mehr angepaßt, ohne daß seine Eltern von alledem
wußten.

»Wenn ich nicht zurückkehre, stoßen sie mich aus unserer Familie«, hatte er mir erklärt, »wenn ich meinem Vater nicht gehorche, bin ich nicht mehr sein
Sohn.«

»Und Stefanie?« fragte ich.

»Ich weiß es nicht.«

»Kannst du dir keine gemeinsame Zukunft mit ihr vorstellen? Ihr kennt euch seit zwei Jahren.«

»Wenn ich im Westen bleibe, könnte es ein gemeinsames Leben geben. Jedenfalls von meiner Seite aus. Ob
von ihr auch? Wir haben nie darüber geredet.«

»Wenn du im Westen bleibst.«

»Ich werde es meinem Vater niemals klarmachen können.«

»Kannst du ihn nicht zu uns einladen? Du stellst ihm
Stefanie vor, überzeugst ihn, daß es dir gut geht…«
Hamid lachte.

»Mein Vater kennt das Leben im Westen, er war mehrfach in England und den USA, studierte zwei Semester
in Frankreich. Er wäre niemals einverstanden, daß ich
für immer hierbleibe. Ganz bestimmt nicht.«

»Du kennst die Frau, die du heiraten sollst?«

»Ich weiß es nicht. Bevor ich nach Europa ging, hatte

er mir ein Mädchen vorgeschlagen, das in unserer Nachbarschaft wohnte. Ich bin mir aber nicht sicher, ob er sie für mich ausgewählt hat. Damals hielt er sehr viel von ihrer Familie, aber wie es heute steht...«

»Ihr hattet Kontakt miteinander?«

»Ich habe sie zwei-, dreimal gesehen. Mehr nicht. Du weißt, was bei uns Sitte ist. Die Aufgabe, einen Ehepartner zu finden, fällt den Eltern, besonders dem Vater zu. So wollen es die Tradition und das islamische Gesetz. Die Eltern schauen sich bei den Verwandten, Nachbarn und Bekannten nach einem heiratsfähigen jungen Menschen um, ziehen Erkundigungen über seinen Charakter, sein bisheriges Verhalten und das seiner Familie ein und schätzen die finanziellen Verhältnisse ab. Irgendwann kommen dann die Väter miteinander ins Gespräch.«

»Und die Kinder haben keinen Einfluß auf die Entscheidung?«

»Wenn beide noch zu Hause leben, besuchen sich die Familien gegenseitig, und dabei können sich die jungen Leute sehen. Anschließend haben sie die Möglichkeit, den Eltern ihre Zustimmung oder Ablehnung mitzuteilen. Dann hängt es von den Vätern und Müttern ab, ob sie auf ihre Kinder hören.«

»Du hast deinen Eltern deine Zustimmung gegeben?«

»Einige Tage vor meiner Abreise nach Europa schilderte mir mein Vater, wie sinnvoll eine Heirat mit dem von ihm vorgeschlagenen Mädchen für das Wohlergehen unserer Firma wäre. Aus Höflichkeit stimmte ich ihm zu.«

»Aus Höflichkeit?«

»Mein Vater sorgte für mich, ließ mich zur Schule gehen, finanzierte mein Studium – wie sollte ich ihm da widersprechen?«

157

32

Ich erinnerte mich genau, wie überrascht und erschüttert zugleich ich war, als Hamid mir dies erzählt hatte. Aus Höflichkeit seinem Vater gegenüber schien er bereit, eine Ehe einzugehen, ohne die zukünftige Partnerin näher zu kennen. Zwei Menschen lebenslänglich vereint – denn Scheidungen waren in seiner Heimat die Ausnahme –, weil dies von den Eltern so gewünscht wurde. Es klang wie ein Märchen aus längst vergangener Zeit, ein Märchen allerdings, das mich erschauern ließ.

Während bei uns im Westen immer mehr Menschen in wechselnden Beziehungen lebten, bevor sie sich – wenn überhaupt – zu einer längerfristigen Bindung mit einem Partner entschlossen, war Hamid offensichtlich bereit, in eine solch aufgezwungene Ehe einzuwilligen. Während bei uns die Scheidungsraten von Jahr zu Jahr höher kletterten, schien er diese Entwicklung überhaupt nicht zu beachten. Hatte er noch nichts davon gehört, wie sich Beziehungskrisen, Familienstreitigkeiten und Partnerauseinandersetzungen explosionsartig mehrten? War ihm die psychologisch nachgewiesene Notwendigkeit von individueller Selbstverwirklichung und Entscheidungsfreiheit nicht bekannt?

Je länger ich über Hamids Worte nachdachte, desto eher erschienen sie mir wie die Andeutungen eines depressiv veranlagten Menschen, der unverblümt seine Bereitschaft zum Selbstmord verkündete. Ich mußte ihn warnen, keinen so schwerwiegenden Fehler zu begehen, der grundlegende Folgen für sein gesamtes Leben nach sich ziehen konnte. Wenn ihm die Unmöglichkeit einer solch längerfristigen Beziehung noch nicht bewußt war, mußte ich ihn darüber aufklären.

Es wurde sehr spät an jenem Abend.

Ich redete auf Hamid ein mit der Überzeugungskraft eines Politikers vor einer entscheidenden Wahl und versuchte, ihm klarzumachen, welche Gefahren bei einer unüberlegten Entscheidung auf ihn lauerten. Erst kurz nach Mitternacht war ich davon überzeugt, daß es mir gelungen war, ihm die Augen für die gesamte Problematik wirklich zu öffnen.

Und dann kam er, zwei Wochen vor seinem vom Vater festgelegten Hochzeitstermin, wieder zu mir, einen schweren, unförmigen Koffer in der Hand.

»Hier«, sagte er, »für dich!«

»Für mich?«

Er öffnete den Koffer, legte die Decke zur Seite, die den Inhalt verbarg.

»Mein Akkordeon«, erklärte er.

»Deines?«

»Du weißt, wie gern ich darauf gespielt habe.«

O ja, ich wußte darüber Bescheid, mit welchem Eifer er sich bemüht hatte, als musikalischer Laie das Akkordeonspiel zu erlernen, weil ihn dieses Instrument wie kein anderes fasziniert hatte, als er in den Westen gekommen war.

»Und was soll ich damit?«

»Es gehört von heute an dir«, sagte er, »morgen früh startet mein Flugzeug, und mein Gepäck ist ohnehin schon zu schwer.«

Ich konnte nichts antworten, so überrascht war ich gewesen. Er hatte seinen Entschluß allein gefaßt und dann, fast über Nacht, realisiert.

Sieben Jahre später hatte ich ihn dann wieder zu Gesicht bekommen. Er war überraschend bei uns aufgetaucht, in der Absicht, im Westen Maschinen für seine Firma zu erwerben. Und dann erzählte er plötzlich und unvermittelt vom Glück seiner Ehe, seiner Familie und seines Zusammenlebens mit seiner Frau.

»Du hast sie tatsächlich geheiratet, obwohl du sie so gut wie gar nicht gekannt hast?«

»Ich habe sie überhaupt nicht gekannt. Es war eine ganz andere Frau, als ich gedacht hatte. Einen Tag vor der Eheschließung sah ich ihr Gesicht zum ersten Mal im Leben – allerdings verschleiert. Ich konnte nur ihre Nase und ihre Augen erkennen, der Mund lag verborgen unter dem Stoff. Wir wechselten im Beisein unserer Eltern einige Worte, und dann trafen wir uns keine zwanzig Stunden später wieder vor dem Mullah, dem Geistlichen, der uns traute.«

»Eine andere Frau, als du dachtest?« fragte ich überrascht, »und du hast sie dennoch geheiratet?«

»Mein Vater hatte seine Ansicht geändert. Wenige Monate, nachdem ich nach Europa geflogen war, geriet er mit dem Vater der für mich Auserwählten in Streit – aus geschäftlichen Gründen. Sie zankten sich dermaßen, daß sie nichts mehr miteinander zu tun haben wollten. So mußte er sich nach einer neuen Partnerin für mich umsehen.«

Ich war so sprachlos vor Überraschung, daß ich ihm nicht antworten konnte. »Und ich bin sehr froh darüber, daß es so kam«, setzte er hinzu, um meine Zweifel zu zerstreuen, »es hätte nicht besser laufen können.«

Ich konnte kaum glauben, was er mir erzählte.

»Und heute bist du glücklich, ehrlich?«

Er sah mein ungläubiges Gesicht, die Zweifel, die Skepsis in meiner Miene.

»Ich konnte es mir damals auch kaum vorstellen, als ich zurückflog. Aber heute könnte mein Glück nicht vollkommener sein, ehrlich.«

»Und deine Frau?«

»Soweit ich es beurteilen kann, geht es ihr nicht anders«, sagte er, wobei seine Augen strahlten, »und ich glaube, wir sind ehrlich zueinander. Ich bin nicht ihr Herr, wenn du das vermutest, nicht der Pascha, der immer befiehlt.«

Ich dachte an Stefanie, seine deutsche Freundin, mit der er über zwei Jahre ohne Wissen seiner Eltern recht eng befreundet gewesen war und die er praktisch über Nacht verlassen hatte, um ins Ungewisse zu starten und die Weichen seines Lebensweges anders zu stellen.

»Und ich wäre wohl kaum so glücklich«, erklärte er mir plötzlich, als könne er meine Gedanken lesen, »wenn ich Stefanie geheiratet hätte. Und für sie war es auch besser so. Ganz bestimmt.«

Dachte ich anfangs noch, er glaube sich vor mir für sein bei uns unverständliches Verhalten rechtfertigen zu müssen, so änderte sich meine Auffassung im Verlauf jener Tage gründlich. Wir unterhielten uns lange über seine Familie und ihr Zusammenleben, und Hamid ließ nicht davon ab, immer wieder mit voller Überzeugung zu betonen, wie glücklich er in seiner Partnerschaft geworden war.

»Nicht daß du glaubst, ich spiele dir was vor«, sagte er, »ich habe es nicht nötig. Wir verstehen uns wirklich sehr gut.«

Und dann berichtete er mir von den Zweifeln, die ihm

gekommen waren, als er damals, wenige Tage vor seiner Eheschließung, im Flugzeug nach Hause saß.

»Ich hatte immerhin fünf Jahre bei euch verbracht. Fünf Jahre in einer völlig anderen Kultur. In einer Umgebung, in der es vollkommen unmöglich scheint, daß zwei Menschen, die sich nicht kennen, zwangsweise in einer Ehe vereint, zueinander finden und miteinander auskommen können. Ich weiß nicht, ob du dir vorstellen kannst, wie mir damals zumute war: Ich dachte an Stefanie zurück und an meine ungewisse Zukunft und fühlte plötzlich, daß ich einen Fehler gemacht hatte. Ich war im Verlauf der letzten fünf Jahre zu einem von euch geworden und konnte mir selbst nicht mehr vorstellen, jemals wieder in meine alte Kultur und ihre Bräuche zurückkehren zu können. Ich spürte plötzlich, auf welches Abenteuer ich mich eingelassen hatte. Meine Hände zitterten, und ich hätte alles dafür gegeben, wieder umkehren zu können und im Westen weiterzuleben. Ich weiß nicht mehr, wie ich aus der Maschine und dem Flughafen kam, wie ich meine Eltern und Geschwister begrüßte – mir ging es schlecht wie selten im Leben. Aber dann folgte diese anfangs so unüberlegte Eheschließung und die gemeinsame Zeit danach, und genau deshalb, weil ich meine eigene Skepsis und meine Zweifel von damals noch so gut in Erinnerung habe, kann ich mir vorstellen, wie unglaubwürdig dir das alles scheint, was ich von unserem Glück erzähle. Aber glaube mir: Es stimmt, was du von mir hörst, ich lüg' dich nicht an, wieso auch?«

Und je länger wir uns unterhielten und unsere Scheu und Skepsis voreinander verloren, je intensiver wir unsere Gedanken über das Leben im Osten und bei uns austauschten, desto klarer wurde mir, daß ich aus alledem nur eine einzige Schlußfolgerung ziehen konnte:

Mein Freund Hamid und seine Frau empfanden allem Anschein nach in ihrem Zusammensein weit mehr Glück als viele Menschen bei uns durch ihre vielen aufregenden, von Erotik geprägten Beziehungen.

»Ach was«, meinte Thomas, »diese Lebensform, in der dein Freund Hamid angeblich so viel Glück erfährt, ist für uns doch völlig unvorstellbar. Der erzählt dir was von Partnerschaft und gemeinsamem Paradies, aber wenn du genauer hinschaust, merkst du schnell, daß er so lebt, wie *er* will, und daß sich seine liebe Frau seinem Lebensstil anpassen muß, ob sie will oder nicht. Hast du ein einziges Mal mit seiner Herzensdame darüber geredet, ob sie genauso im siebten Himmel schwebt wie ihr Herr Gemahl?«

»Wie sollte ich«, antwortete ich, »ich kenne seine Frau ja nicht.«

»Also. Da hast du es. Das ganze Gerede deines Freundes ist nichts anderes als das Gefasel eines Patriarchen, der nach seinen Vorstellungen lebt und seine Frau dazu zwingt, sich ihm vollkommen unterzuordnen. Das System der antiken Sklaverei, praktiziert zwischen Mann und Frau. Kein Wunder, daß er sich glücklich dabei fühlt, sie tanzt ja nach seiner Pfeife. Wahrscheinlich legt er nach Geschäftsschluß zu Hause die Füße hoch, und sie beeilt sich, ihm die Schuhe abzustreifen. Und wenn der Herr sein Bier wünscht, stellt sie ihm die Flasche auf den Tisch. Dieses Spiel ist hinlänglich bekannt: Bequemlichkeit und Vergnügen der Männer auf Kosten der Frauen. Diese Phase der frühen menschlichen Evolution sollten wir doch überwunden haben.«

»Meinst du nicht, daß du es dir zu einfach machst, wenn du Hamids Frau als seine Arbeitssklavin darstellst? Vielleicht habe ich vergessen, dir zu erzählen, daß sie fünf Jahre lang Ökonomie studierte, in Bombay und in den USA. Zudem legte sie einen glänzenden Studienabschluß vor, wie mir Hamid stolz erzählte. Anschließend stieg sie in die Leitung ihrer Firma mit ein.«

»Und? Was hat das mit dem Pascha-Verhalten deines Freundes Hamid zu tun?«

»Du glaubst doch nicht, daß eine solch intelligente Frau, die mehrere Jahre in den USA verbracht und ein wissenschaftliches Studium mit Auszeichnung absolviert hat, nach Hause zurückkehrt, um dort die Sklavin zu spielen? Tagsüber ordnet sie in ihrer Firma millionenschwere Entscheidungen an und abends streift sie dem Herrn Gemahl die Schuhe von den Füßen? Erzähl doch keine Märchen! Außerdem ist Hamid nicht der erste, der mir von solch unkonventionellen und doch erfreulichen Partnerschaftserfahrungen berichtete. Es gibt zu viele Hinweise auf glücklich verlaufende Ehen, bei denen die Partner nicht durch eigene Wahl, sondern durch fremde Entscheidung zusammenkamen – und die kannst du nicht allein mit patriarchalischen Strukturen erklären!«

»Ich glaube jedenfalls deinem Hamid kein Wort, solange ich nicht persönlich mit seiner Frau gesprochen habe«, erklärte Thomas, »und wenn wir erstmal die Frau bei uns hätten, würde sich seine Schwärmerei vom großen gemeinsamen Glück schnell in Luft auflösen. Glück gibt es immer nur für kurze Zeit, dann folgen erneut Konflikte, Depressionen, eben die weniger erfreulichen Momente. *Das* ist die Realität. Das ganze Gefasel von wahrer Liebe und so glaubt doch heute kein halbwegs erwachsener Mensch mehr. Das sind Träume, Wünsche, Hoffnungen. Aber unsere Wirklichkeit sieht völlig anders aus.«

»Dann werden wir also nie solche Liebe und solches Glück wie Hamid über längere Zeit hinweg erfahren?« fragte ich, »oder gibt es vielleicht einen anderen Weg dorthin, einen Weg, den auch wir im Westen gehen können?«

Das ist doch *die* Frage und *das* Problem, die bei uns unzählige Menschen bewegen und von deren Beantwortung so viel für unser aller Leben abhängt: Gibt es – bei aller Anerkennung der Notwendigkeit von Selbstverwirklichung und individueller Freiheit – heute noch die Möglichkeit, in unserem Leben Glück und Liebe zu erfahren? Existieren Chancen, Sehnsüchte und Hoffnungen auf ein sinnbringendes, glückliches Zusammenleben Wirklichkeit werden zu lassen? Stehen für uns Wege zur Liebe offen, die uns Zufriedenheit bringen?

Was nützt uns all unser Wohlstand, unsere Freiheit und Selbstverwirklichung, wenn Glück und Zufriedenheit dabei auf der Strecke bleiben? Wozu alle materiellen Errungenschaften, wenn wir in unserem tiefsten Inneren unbefriedigt bleiben und nicht zu dem finden, von dem wir alle träumen, auf das wir alle hoffen?

Ich konnte an diesem Abend nicht wissen, wie intensiv wir uns in den nächsten Tagen mit dieser Frage auseinandersetzten. Und daß mit all dem, was auf uns zukam, jeder von uns seine eigene individuelle Antwort erhalten sollte. Eine Antwort, die ganz anders ausfiel, als wir uns das damals ausmalten.

Dr. Frühlings liebstes Liebesgericht

Für zwei Leute, die sich besonders mögen:
Ratatouille – ein liebeanregender Gemüse-eintopf aus Frankreich

Zutaten: 4 Zwiebeln, 500 g grüne Paprikaschoten, 500 g Zucchini, 500 g Auberginen, 5 Tomaten, 1 Zitrone, 2 Gemüsebrühwürfel, 2 oder 3 Knoblauchzehen, Olivenöl, Pfeffer, Basilikum, Oregano, Thymian, Rosmarin.

Zubereitung: Die Paprikaschoten halbieren, waschen und in Streifen schneiden. Die Zwiebeln schälen und in Ringe schneiden. Die Zucchini und die Auberginen in Stücke schneiden. Auf die Auberginen Zitrone auspressen. Dann die Zwiebeln in Öl braten. Anschließend die Paprikastücke, die Auberginen und die Zucchini dazufügen. Mit Rosmarin würzen, dann bedeckt ca. 30 Minuten mit geringer Hitze garen lassen. Anschließend die Tomaten stückeln und dazufügen, dann die Gemüsebrühwürfel und die geschälten, gepreßten Knoblauchzehen beigeben. Ca. 10 Minuten (höchstens!) offen garen lassen. Jetzt Pfeffer und Kräuter dazufügen, vielleicht noch Zitronensaft zugeben.
Guten Appetit!

Dr. Frühling wünscht viel Vergnügen!

33

Haben Sie schon einmal Ihren Briefträger unter der
Last seiner Post gebückt daherkeuchen sehen? Bestimmt nicht Ihretwegen, oder? Uns wäre dieses Bild,
seit wir unsere Anzeige aufgegeben hatten, beinahe
geläufig geworden. Der arme Mann wünschte uns sicher auf den Mond oder auf einen anderen Stern, ganz
bestimmt aber in einen anderen Zustellungsbezirk.

»Wieso bekommen Sie so viel Post?« fragte mich Frau
Strübermir.

»Ich bin befördert worden, alles Gratulationen!«

»Oh«, staunte sie, »Sie sind aber beliebt!«

»Und wie geht es Rita Süssmuth?«

»Bestens. Ich koche ihr zweimal am Tag ihr Lieblings-
gericht.«

»Und das ist?«

»Bis gestern war es Gulasch. Aber dann mußte ich es
selber essen, weil sie es seit gestern mittag nicht mehr
will. Dafür machte ich ihr Rouladen.Die sind jetzt ihr
ein und alles.«

Unser »ein und alles« in diesen Tagen waren die vielen
Briefe.

»Vierundvierzig, fünfundvierzig, sechsundvierzig«,
zählte ich, »und wie viele hast du schon gelesen?«

»Sieben«, erklärte Thomas, »dann hat's gereicht.«

»Nur sieben?«

»Zwei waren sehr lieb geschrieben. Beim dritten
konnte ich die Schrift selbst mit größter Mühe kaum
entziffern, beim vierten häuften sich die Rechtschreib-
fehler. Der fünfte war so voller zweideutiger Eindeu-
tigkeiten, daß es mir die Schamröte ins Gesicht trieb,

und der sechste und siebte eröffneten mir zwei Lebensläufe im Umfang Elfriedes, so daß ich jedem allein fünfzehn Minuten Lektüre widmen durfte. Deswegen kam ich noch nicht dazu, die übrigen sechsunddreißig Briefe zu lesen. Schließlich sollst du auch noch dein Vergnügen haben!«

Und wie ich das hatte!

34

Als ich am Donnerstagabend unsere Küchentür öffnete, lag der ganze Tisch voller Briefe, Udo Lindenberg mitten drin. Ich nahm ihn hoch und las den Zettel neben dem Briefstapel.

Wie war's heute im Amt? Ich hoffe, Du bist fit für Dr. Frühlings erste Sendung! Bin gerade in Frankfurt im Funkhaus. Einschalten 20 – 23 Uhr!

Heute kamen nochmals zwölf Briefe. Du siehst sie irgendwo auf dem Tisch, falls Udo sie nicht gefressen hat. Viel Spaß beim Durchsehen! Schlage vor: Ein Arbeitswochenende Samstag und Sonntag. Briefelesen für Günther. Einverstanden?

Komme erst Freitag zurück, da ich nach der Sendung im Hotel übernachte. Du kannst Dir also ungestört eine Frau mitbringen heute abend! Viel Vergnügen wünschen Dr. Frühling und Frau Dr. Fitterling!

Ich setzte mich an den Tisch, kraulte Udo und zog mir ein Kuvert vor, ganz wahllos. Ich entnahm ein Blatt, faltete es auf.

Lieber Herr Gärtnermeister,

Ihre Anzeige hat mir so gut gefallen, daß ich Ihnen spontan schreibe, obwohl ich sicher keine Chancen habe, von Ihnen als Partnerin akzeptiert zu werden: Meine drei Kinder und mein lieber Mann stehen dem wohl im Weg und wären sicher nicht einverstanden. Da wir aber selber eine Gärtnerei betreiben und große Liebe zur Natur empfinden, uns auch oft und gerne Gedanken über philosophische und literarische Entwicklungen machen, hat uns Ihr Text sehr angesprochen. Leider sind meine Töchter noch zu jung und ich bin, wie erwähnt, bereits vergeben – sonst hätte sich eine von uns bestimmt bei Ihnen beworben! So aber wünschen wir Ihnen viel Erfolg bei Ihrer Suche – und bewahren Sie sich Ihre Liebe zur Natur und Ihr nachdenkliches Wesen! Hoffentlich ist unser Brief nicht der einzige, wenn doch, so haben wir wenigstens dafür gesorgt, Sie aufzumuntern – und melden Sie sich doch mal bei uns – auch ohne Heiratschancen! Liebe Grüße Ihre Elisabeth Decker aus Neulußheim.

Nicht weniger bedeutsam war der Brief von Frau Annegret Steil aus Wermelskirchen.

Lieber Hilfesuchender,

Ihre wunderschöne Anzeige hat mich dazu angeregt, Ihnen zu schreiben – wenn auch aus einem ganz anderen Grund, als Sie wohl erwarten. Fürs Heiraten bin ich nämlich nicht mehr zu haben, ich bin immerhin 76 Jahre alt und seit vier Jahren verwitwet. Was mich aber treibt, mit Ihnen Kontakt aufzunehmen, ist mein Sohn Eugen. Er ist 43, lebt bei mir und sucht wie Sie nach einer Frau, auch wenn er das vor mir nicht zugibt. Ich wollte schon lange für ihn eine Annonce aufgeben, wußte aber nicht, wie ich die schreiben soll. Als ich jetzt Ihre Zeilen las, dachte ich direkt an meinen Eugen. So wie Sie sich ausdrücken, könnte ich meinen Eugen auch be-

schreiben: ruhig, nachdenklich, interessiert an solch philo-
sophischem Kram, ich verstehe wenig davon. Überhaupt,
fast alles in Ihrer Anzeige stimmt. Nur daß er kein Gärtner
ist, sondern im Atomkraftwerk arbeitet.

Mein Vorschlag, lieber Mann: Ich weiß nicht, wie viele
Frauen auf Ihre Anzeige schreiben. Aber wenn es genügend
sind und Sie welche übrig hätten, die Ihnen nicht so gefallen,
könnten Sie die nicht meinem Eugen überlassen? Ich zahle
Ihnen auch gerne etwas, entweder einzeln für jede Adresse
oder auch zusammen für alle, die Sie nicht brauchen. Schrei-
ben Sie mir doch bitte, was Sie von meinem Vorschlag halten!

Ihre Annegret Steil aus Wermelskirchen-Dhünn.«

Ich nahm mir einen roten Stift und schrieb dick auf das
Kuvert: *Mindestens 50 DM für jede Adresse verlangen!*
Ganz anderen Inhalt hatte der Brief von Frau Brun-
hilde Teufel aus Oppenweiler in Württemberg.

Sehr geehrter Herr,
Sie suchen inbrünstig nach einer Frau, wie Ihre verzweifel-
ten Worte erkennen lassen und wählen dabei den Weg Sa-
tans. Besser, Sie hätten Ihren Wunsch dem HERRN im Gebet
vorgebracht, ER hätte Ihnen bald mitgeteilt, ob ER Sie erhört
oder nicht! Überhaupt sollten Sie mehr auf den HERRN ver-
trauen als auf das Werk der Menschen. Was soll diese dumme
Anzeige, beten Sie zum HERRN, das ist wichtiger! Die Werke
der Menschen sind die Werke Satans, ihm werden alle an-
heimfallen, die nicht auf IHN hören. So inbrünstig wie Sie
nach einer Frau suchen, geht es Ihnen nur um eines: um
Sex! Und das sollten Sie wissen: Der HERR wird die nicht
ungestraft lassen, die sich mit Sex und Hurerei versündigen.
Fallen Sie auf die Knie, bitten Sie den HERRN um Rat und
lassen Sie die Anzeige ruhen! Ich bete für Sie! Ihre Brunhilde
Teufel

Die liebe Frau hat wenigstens den richtigen Namen, dachte ich und schrieb auf das Kuvert: *Unbedingt lesen – die Traumfrau!*

Nicht weniger exotisch war auch der Brief von Horst Beck aus Schorndorf. Schon wieder ein Mann, dachte ich, als ich die Unterschrift sah, aber nach den ersten Zeilen war ich beruhigt.

Lieber Frauen-Sucher, hier schreibt Dir ein Mann mit viel Erfahrung in bezug auf Frauen, und ich rate Dir in Deinem eigenen Interesse: Hör auf mich! Ich habe gerade die dritte Ehe hinter mir und kann Dir nur sagen: Pfoten weg von allen Weibern! Die sind alle gleich – eine wie die andere! Nichts als Geld im Kopf, aber nicht ihres, sondern Deines! Die finden immer einen Weg, es Dir aus der Tasche zu ziehen. Laß die Weiber, wo sie sind, oder Du zahlst nur drauf! Unter uns Männern: Sauf Dir lieber alle paar Tage einen an, als Dich mit einer Frau zu treffen – ehrlich! Das kommt billiger und spart Nerven. Wirklich gutgemeinte Grüße Dein Horst Beck!
PS: Wenn Du mehr über meine wertvollen Erfahrungen wissen willst, schreib mir (aber mit Rückporto – meine Weiber haben mir alles Geld weggepreßt!)

Nicht alle Briefe waren so entmutigend wie der von Horst Beck, im Gegenteil! Nachdem ich so an die zwanzig Schreiben durch hatte, fühlte ich mich ganz anders – wie neugeboren. Was da für Frauen schrieben! Fast alle Berufe waren vertreten, sogar mehrere Nationen: eine Österreicherin, eine Französin, eine Belgierin, zwei Gärtnerinnen, eine Floristin, zwei Lehrerinnen, eine Schafhirtin, eine Reiseleiterin, zwei Schaffnerinnen, eine Stewardess, zwei Straßenbahnfahrerinnen, eine Tennisspielerin, zwei Zahnärztinnen, eine Pfarrerin, eine Frauenärztin, zwei Standesbeamtinnen, eine Finanzoberinspektorin und und und...

Jedenfalls fühlte ich mich gut, sehr gut.

Eigentlich zeigten ja all die Frauen Interesse an *mir*. Schließlich lief die Anzeige unter meinem Namen, ich war der offizielle Auftraggeber. Daß Günther einige Frauen abbekommen sollte, war allein unserem uneigennützigen Denken zuzuschreiben. Junge, Junge, welche Möglichkeiten standen mir offen, wenn ich die Briefe alle für mich behielt! Weit über fünfzig Briefe, unvorstellbar, was da an geballter Weiblichkeit dahintersteckte.

Einige hatten sogar ein Foto dazugelegt. Meist nur das Gesicht, mal lachend, mal nachdenklich, mal sehnsüchtig in die Weite blickend, manchmal auch die ganze Person, je nachdem in schlanker oder auch molliger Ausführung. Eine Photographie hatte mich dermaßen fasziniert, daß ich sie aus dem Brief genommen und vor mich auf den Tisch gelegt hatte. Eine rassige, schwarzhaarige Schönheit räkelte sich da mit einem Hauch von Stoffrest in einem Sessel. Die war nichts für Günther, höchstens für mich oder Thomas. Dummerweise konnte ich mich nicht mehr erinnern, welchem Kuvert ich sie entnommen hatte, und da das Bild nicht gekennzeichnet war, galt der Fall der rassigen Schönheit hiermit schon als gelöst.

Immerhin – ein solch verführerisches Wesen schrieb mir, bot sich mir als Partnerin an. Wenn Brunhilde Teufel aus Oppenweiler in Württemberg das gewußt hätte! Sie hätte sich garantiert sofort mit der sich räkelnden Dame in Verbindung gesetzt, um ihr exklusiv ihren zukünftigen Platz in der Hölle zu beschreiben.

Ich stand auf, legte Udo Lindenberg auf den Stapel Briefe mitten auf dem Tisch. Während Udo sich auf der weichen Unterlage wohlig streckte, betrachtete ich mich wohlwollend im Spiegel.

So viele Bewerberinnen! Junge, Junge, ich hatte es ganz schön weit gebracht!

35

Als ich die Falten in meinem Gesicht entdeckte, wurde ich wieder ruhiger. Dann fiel mir ein, daß ich morgen in die Schweiz fahren wollte, um endlich *sie* zu treffen, die Fahrkarte steckte schließlich schon in meiner Tasche.

Ob ich wirklich fahren sollte?

Vorausgesetzt, der Plan, den mir die freundliche Frau in Heidelberg mitgegeben hatte, stimmte wirklich, so daß ich in Alp Grüm auf *sie* traf, wie würde das Wiedersehen ausfallen – wirklich überwältigend? Liebe auf den ersten Blick – auch morgen noch? Oder die übliche Enttäuschung, wie gewohnt?

Ich wagte nicht, noch länger daran zu denken. Auf jeden Fall mußte ich Thomas absagen. Sein Vorschlag, den Samstag und Sonntag zu einem Arbeitswochenende für Günther zu gestalten, fiel wegen meiner Schweiz-Tour ins Wasser.

Apropos Thomas.

Es war zehn nach acht. Beinahe hätte ich es vergessen! Ich rannte so schnell zum Radio, daß Udo Lindenberg sich gezwungen sah, die Augen zweieinhalb Millimeter weit zu öffnen, schaltete es an. Eine krächzende männliche Stimme drang aus dem Lautsprecher.

»Ich habe in meinem Wohnzimmer keine Vorhänge, weil ich das altmodisch finde. Mir gegenüber wohnt aber seit einiger Zeit eine junge Frau, die häufig an ihrem Fenster steht und zu mir herüberschaut. Mir geht das auf den Wecker. Können Sie mir raten, was ich dagegen tun soll?«

Und dann hörte ich eine Stimme, die mir sehr bekannt vorkam.

»Ich verstehe nicht ganz, was ist Ihr Problem?«

»Mein Problem? Sie sind gut. Die Frau steht dauernd am Fenster und gafft zu mir herüber. Das ist eine von diesen Spannern, die so oft in der Zeitung stehen und andere Leute anstieren. Sie müssen doch wissen, was man dagegen unternehmen kann.«

Dr. Frühling schien im Moment überfordert, es dauerte einige Sekunden, bis er sich äußerte.

»Ja, wie steht die junge Frau denn am Fenster?«

»Wie? Na, manchmal mit dem Fernglas und immer mit neugierigen Augen.«

»Mit dem Fernglas. Ah ja.«

»Ja, ist doch eine Unverschämtheit!«

»Darf ich fragen, wie alt Sie sind?«

Wie überlegen der Herr Diplompsychologe Dr. Frühling doch zu Werke ging!

»Was hat das damit zu tun?«

»Nun, wenn Sie jung sind...«

»Sechsundzwanzig.«

»Na, da glaube ich schon, daß ein so junger Mann attraktiver auf die Nachbarin wirkt als ein Opa, meinen Sie nicht?«

»Na und?«

»Sind Sie sportlich?«

»Ich treibe Bodybuilding, dreimal die Woche, meine Muskeln können sich sehen lassen.«

»Na, also!«

»Was heißt ›na also‹. Was geht es diese Frau an, wie muskulös mein Körper ist! Trotz meiner Muskeln möchte ich nicht von fremden Frauen angestarrt werden! Kann ich diese Nachbarin bei der Polizei anzeigen, falls sie ihre Belästigungen nicht sein läßt?«

Dr. Frühling wartete einen Moment mit seiner Antwort.

»Wissen Sie, was ich denke, wenn ich Ihnen zuhöre?«

»Nein.«

»Haben Sie nicht schon mal einer Frau auf der Straße nachgeschaut?«

»Ich?«

»Ja.«

»Na klar, wenn sie gut aussieht.«

»Eben.«

»Was heißt ›eben‹?«

»Ja, eben haben Sie zugegeben, einer Frau auch schon, na, sagen wir, sehr intensiv nachgeblickt zu haben.«

»Was wollen Sie damit sagen?«

»Überlegen Sie doch einmal!«

»Sie wollen das doch nicht etwa miteinander vergleichen?«

»Wissen Sie, worüber ich mich eigentlich freue?«

Der Anrufer stutzte.

»Sie freuen sich? Doch nicht etwa darüber, daß diese Frau mich so belästigt?«

»Wissen Sie, bisher habe ich immer nur von Frauen gehört, sie fühlten sich von männlichen Spannern verfolgt. Was Sie jetzt erzählen, scheint mir ein Hinweis auf die zunehmende Gleichberechtigung vieler

Frauen. Ist das nicht ein erfreulicher Aspekt?«
Dr. Frühling lachte etwas verkrampft.

Der Anrufer dagegen brauchte etwas Zeit, bis er antworten konnte.

»Aber, Sie wollen doch nicht etwa behaupten«, stotterte er, »daß Sie das gut finden?«

»Wissen Sie, was ich Ihnen vorschlage?« konterte Dr. Frühling.

»Nein, was denn?«

»Ich an Ihrer Stelle würde die Frau einladen zu einem schönen Abend. Vielleicht bei Kerzenschein, mit etwas Wein, einem anregenden Essen und sanfter Musik. Und dann würde ich ihr die Gelegenheit geben, Ihre Muskeln und vielleicht auch etwas mehr aus nächster Nähe zu erleben, ja? Auf Wiederhören!«

Dem Anrufer hatte es anscheinend die Sprache verschlagen. Doch dann polterte er plötzlich los.

»Was sagen Sie da? Sie ver...«

Laute Musik brandete auf und verschluckte seine Worte. Harter Rock fetzte aus dem Lautsprecher. Das Problem des Anrufers galt offensichtlich als gelöst.

Udo Lindenberg blinzelte mich müde an.

»Nur keine Aufregung, Udo«, sagte ich und drehte das Radio leiser.

»Wenn auch Sie sich von einem Fachmann beraten lassen wollen, rufen Sie bei uns an. Heute und in Zukunft jeden Donnerstag abend berät Sie Herr Diplompsychologe Dr. Frühling persönlich. Unsere Telefonnummer...«

Udo hatte sich erhoben, streckte sich gähnend.

Ich schob die Briefe weg, gab ihm zu fressen. Musik erfüllte den Raum. Ich schrieb einen kurzen Hinweis, daß es mit dem Arbeitswochenende leider nichts würde, weil ich einen kleinen Ausflug unternähme, aber er solle sich doch selbst schon mal durch die Briefe kämpfen.

Dann meldete sich eine Anruferin zu Wort.

»Guten Abend, Herr Dr. Frühling. Ich komme aus Gießen und möchte Sie fragen, was Sie von der Institution Ehe halten, und zwar habe ich folgendes Problem: Ich bin achtundzwanzig, verlobt und wollte eigentlich nächstes Jahr heiraten. Aber jetzt kommen mir immer mehr Zweifel.«

»Ja, und in welcher Beziehung?«

»Wissen Sie, ich denke in letzter Zeit immer öfter: Das ganze Leben derselbe Mann? Es gibt so viele, und da soll ich mich auf einen einzigen beschränken? Nicht daß Sie mich jetzt falsch verstehen! Ich bin keine unersättliche Frau, aber es gibt so viele Menschen, die mich faszinieren, wäre es da nicht besser, sich einen Partner nur für eine bestimmte Zeit zu suchen? Wer weiß, wen ich in Zukunft kennenlernen werde – und da soll ich mich jetzt für immer festlegen?

Außerdem frage ich mich immer häufiger, ob wir überhaupt dazu veranlagt sind, paarweise zusammenzuleben. Sind die Bedürfnisse unseres Körpers, unseres Verstandes und unserer Empfindungen oft nicht so vollkommen verschieden, daß es mit einem einzigen Partner für alle Bereiche gar nicht gut gehen kann? Ich habe jedenfalls die Erfahrung gemacht, daß ich mit dem einen Mann unglaublich interessante Diskussionen führen kann, aber wenn ich mit ihm ausgehe, verhält er sich jedesmal so schofel, daß ich frustriert bin. Ein anderer dagegen begleitet mich so unheimlich charmant ins Theater, daß ich ganz verzaubert bin und mir erst später auffällt, welch borniere, kleinbürgerliche Vorurteile aus seinen Argumenten sprechen.

Warum ist es nicht möglich, mit verschiedenen Partnern zusammen zu sein? Warum muß alles so institutionalisiert werden? Ist es wirklich möglich, einen Menschen zu finden, der in allen drei Bereichen vollkommen zu mir paßt? Ist es nicht utopisch, darauf zu hoffen? Und muß eine Ehe dann, weil es diese volle Übereinstimmung einfach nicht geben kann, nicht zwangsläufig Frust und Verdruß bringen? Warum können wir denn nicht flexibler zusammenleben, einfach eine Zeitlang mit diesem und jenem, später mit anderen Partnern?

Das sind die Überlegungen, die mich in letzter Zeit bewegen und die mich deswegen immer stärker davor zurückschrecken lassen, eine feste Bindung einzugehen. Finden Sie meine Gedanken absurd?«

Dr. Frühling räusperte sich.

»Im Gegenteil. Was Sie hier erzählen, sind Erfahrungen, die fast alle Menschen im Lauf ihres Lebens machen. Das Zusammenleben mit einem Partner wird bei uns bewußt idealisiert und mit romantischen Vorstellungen verbrämt, weil dies der Erhaltung unserer gesellschaftlichen Strukturen und der Stabilisierung des Staates dient. Wir werden von allen Institutionen bewußt dazu erzogen, an den einen Traumpartner zu glauben. Erst mit zunehmendem Lebensalter und eigener Lebenserfahrung bemerken viele Menschen, daß diese Vorstellung in der Theorie zwar verlockend klingt, in der Realität jedoch meist nicht, oder höchstens über eine begrenzte Zeitspanne hinweg, zu realisieren ist. Diese Erfahrungen gehören zum Erwachsenwerden ebenso dazu wie andere Entdeckungen und Enttäuschungen. Was Sie mir erzählt haben, zeigt meines Erachtens nur, daß Sie einen beträchtlichen Schritt zu menschlicher Reife vollzogen haben. Sie sollten froh und dankbar sein, daß Ihnen diese Gedanken vor einer etwas voreiligen und wohl bald bereuten festen Bindung gekommen sind. Teilen Sie Ihrem Verlobten Ihre Bedenken mit und sprechen Sie mit ihm darüber, erklären Sie ihm, daß Sie ihn nicht vor den Kopf stoßen oder ihm weh tun wollen, sondern daß es existentielle Probleme sind, die Sie bewegen und die sich ihm vielleicht auch schon gestellt haben oder zumindest in Zukunft auf ihn zukommen – und er wird Sie hoffentlich verstehen. Warum sollte Ihre Bindung nicht auch ohne feste Ehe-Schließung bestehen bleiben können – spricht irgendein Punkt dagegen? Vielleicht fühlen Sie sich in wenigen Monaten oder einigen Jahren reif dazu, einen Ehevertrag zu unterschreiben, dann können Sie immer noch auf diese Weise zueinander finden. Ich wünsche Ihnen klare Gedanken, Ihr künftiges Vorgehen sinnvoll zu gestalten.«

Dr. Frühling hatte seine Beratung kaum beendet, als es läutete. Frau Strübermir stand vor der Tür, staunte über die vielen Briefe in unserer Wohnung, die alle zu meiner Beförderung eingetroffen waren und erzählte mir ihre neuesten Abenteuer mit Rita Süssmuth.
Als sich Herr Dr. Frühling wieder zu Wort meldete, verstummte sie überrascht.
»Ja, das ist doch...«
Ich nickte nur, setzte mich wieder hin.
Mir blieb nichts anderes übrig, als Dr. Frühlings wertvolle Kommentare bis zum Schluß der Sendung anzuhören. Frau Strübermir war einfach nicht mehr vom Radio wegzubringen.

Dr. Frühlings liebstes Liebesgedicht

Sehnsucht

Sehnsucht
Tag und Nacht
Sommer wie Winter
nach Wärme
nach Leben
nach Berührung
nach Geborgenheit
nach Verständnis
nach Vertrauen
nach Zärtlichkeit
nach Glück
nach Liebe
nach Dir.

GOTTLIEB GUTMANN

36

Die Landschaft war einfach überwältigend. Oben der
Gletscher, bis annähernd 4000 Meter hoch, darunter,
tief im Tal, der stille See, in den sich das Wasser des
schmelzenden Eises ergoß. Ringsum, auf allen Seiten,
gewaltige Bergmassive, und mittendrin, am Hang,
hoch über dem Tal, der kleine Bahnhof, etwas erhöht
zwei Berghütten.

Alp Grüm – so nannte sich die Station, lag in der unter-
gehenden Abendsonne, als ich aus dem Zug stieg. Unten im Tal rauschte ein Wasserfall, in der Ferne hörte
man Kühe muhen und das Bimmeln ihrer Glocken.
Menschen stiegen in den Zug, der Bahnbeamte erteilte
den Auftrag zur Abfahrt. Langsam setzte sich die kleine
Bahn in Bewegung. Ihre knallig roten Wagen boten
einen prächtigen Kontrast zum saftigen Grün der sie
umgebenden Wiesen und Wälder.

Ich schaute dem Zug nach, der sich malerisch in eine
kreisförmige Kurve legte, um dann, wenige Meter unter dem Bahnhof, steil den Berg hinunterzurollen.

Eine Handvoll älterer Menschen verweilte auf dem
kleinen Platz neben dem Stationsgebäude, staunend
die erhabene Szenerie in sich aufnehmend. Nur wenige Worte wurden gewechselt, das Rauschen des
Gletscherbaches tönte als Begleitmelodie aus dem Tal.
Es war schon eine einzigartige Atmosphäre. Kein Motorenlärm, nicht einmal von ferne, kein Schlagen von
Autotüren, kein Gehupe – und so brauchte ich eine
Weile, bis ich mich aus meiner Verzauberung lösen
konnte.

Ich lief zum Bahnhof, dort wo ein Schild die Gaststube

mit Zimmern zum Übernachten ankündigte und öffnete die Tür.

Es war ein großer, einfach und doch gemütlich eingerichteter Raum mit mehreren Tischen und einem großen Ausschank. Etwa ein Dutzend, fast ausnahmslos ältere Menschen, saßen dort, unterhielten sich, aßen und tranken, lachten.

Ich grüßte, lief zum Ausschank, wo eine junge Frau Gläser spülte.

»Guten Abend«, sagte ich, »haben Sie ein Zimmer?«

»Sie können ein Zimmer haben oder im Matratzenlager übernachten«, antwortete sie mit südländischem Akzent, »ich würde Ihnen aber ein Zimmer empfehlen, weil eine Gruppe im Lager übernachtet.«

»Eine Gruppe?« fragte ich neugierig und überlegte, ob *sie* wohl damit gemeint war.

»Ja«, erklärte die junge Frau freundlich, »aus Deutschland. Die älteren Menschen da.«

Enttäuscht drehte ich mich um, betrachtete die Leute an den Tischen in der Gaststube.

»Sonst ist niemand hier?« fragte ich.

»Nein.« Sie schaute mich verwundert an. »Wieso fragen Sie?«

War *sie* noch nicht eingetroffen, überlegte ich, oder wohnte *sie* vielleicht in einem anderen Haus?

»Verzeihen Sie bitte«, sagte ich, »gibt es hier noch eine andere Möglichkeit, zu übernachten?«

»Aber Sie haben das Zimmer doch noch gar nicht gesehen! Sie wissen schon, daß es Ihnen nicht gefällt?«

»Darum geht es mir nicht.«

»Auf Alp Grüm gibt es nur den Bahnhof und zwei Hütten, beide hundert Meter von hier entfernt. Die eine ist nicht mehr bewirtschaftet und die andere gehört zu uns.«

»Zu Ihnen?«

»Ja, sie wird von uns betrieben.«

»Oh, dann wissen Sie wahrscheinlich, ob dort gerade eine Gruppe mit jüngeren Leuten wohnt.«

»Nein, zur Zeit übernachtet dort niemand.«

»Keine Gruppe?«

Ich war bitter enttäuscht. Irgendetwas mußte schief gelaufen sein, wo mir doch die nette Frau in Heidelberg versichert hatte, daß ich *sie* hier bestimmt antreffen würde.

»Wollen Sie das Zimmer jetzt sehen?«

»Ach so, ja, bitte.«

Ich nahm meine Tasche, folgte ihr. Wir liefen aus der Gaststube, eine Treppe hoch. In einem schmalen Gang führten rechts und links Türen zu den jeweiligen Zimmern. Sie zog einen Schlüsselbund vor, stocherte eine Weile im Schloß herum, öffnete dann. Ein gemütliches Zimmer mit schweren alten Betten und einem Waschbecken lag vor mir.

»Dreißig Franken die Nacht«, erklärte sie.

Ich nickte, trat ans Fenster. Die Aussicht war einzigartig. Hoch über mir die Bergspitze des Piz Palu, darunter die gewaltige Masse des Eispanzers, deren Ausläufer im Tal tief unter mir zu einem reißenden Gebirgsbach schmolzen und in den kleinen See mündeten. Kühe standen rings um die Wasserfläche, wateten im üppigen Grün des sumpfigen Seerandes. Ihre Glocken und ihr Muhen unterbrachen das monotone Rauschen des wasserfallartigen Gletscherbaches.

Ich blieb mehrere Minuten am Fenster stehen, unfähig, mich zu bewegen und überwand angesichts der Landschaft fast die Enttäuschung, daß ich umsonst gekommen war, weil *sie* nicht anwesend war.

Es dunkelte schon, als ich die Gaststube wieder betrat.

Ich bestellte ein kräftiges Essen und ein Bier, setzte mich an einen Tisch und sah mich im Raum um. Vorne, neben der Tür, die zum Bahnsteig führte, saßen mehrere ältere Frauen und Männer im Gespräch, daneben an den nächsten beiden Tischen ebenfalls Gäste aus dieser Gruppe, von denen keiner jünger als 65 war. Ich überlegte gerade, weshalb diese älteren Leute so zahlreich hier zusammengefunden hatten, als die Tür neben dem Ausschank aufging und plötzlich Leben an den drei Tischen aufkam.

»Oh, Frau Sproll«, rief einer der älteren Männer, »setzen Sie sich doch zu uns!«

Ich horchte auf, starrte zur Tür. *Sie* stand dort – o mein Gott, die Augen! – mit überraschtem Blick und einem Lächeln auf den Lippen.

»Frau Sproll!« tönte es an allen drei Tischen, »bei uns ist noch Platz!«

Sie nickte den Leuten freundlich zu.

»Gleich. Ich komme sofort zu Ihnen, einen Moment«, erklärte *sie,* »wie jeden Abend.«

Dann stand *sie* vor meinem Tisch.

Ich sprang in die Höhe, gab *ihr* die Hand.

»Welche Ehre«, sagte ich aufgeregt und fühlte mein Herz wild hämmern, »daß Sie zuerst zu mir kommen, wo Sie hier so begehrt sind.«

»Sie machen Urlaub?« fragte sie.

»Nur übers Wochenende«, stotterte ich, »leider nicht länger.«

»Schön hier, wie?«

»Einmalig«, sagte ich und schaute sie intensiv an, »jetzt ist es noch schöner.«

Ich sah deutlich, wie sie rot wurde und verlegen zur Seite blickte. Sie räusperte sich, sah mich wieder an. Diese Augen! *Ihre* Augen!

»Sie sind zufällig hier?«

»Nicht ganz«, erwiderte ich frech, »ich wollte mir ein Buch ausleihen.«

»Ein Buch?«

»Ja. ›Die Wolke‹ von Gudrun Pausewang.«

Sie lachte laut.

»Oh, und deswegen kommen Sie extra nach Alp Grüm?«

»Na ja, nicht nur wegen dem Buch«, erklärte ich, »ich habe auch eine Vorliebe für Buchverleiherinnen.«

Sie schaute mich groß an, lächelte.

»Eigentlich vor allem für eine bestimmte«, fügte ich hinzu und fürchtete, das Herz springe mir aus dem Leib, weil es so heftig schlug.

»Toll«, sagte sie, »und ich war so enttäuscht, als ich damals in Waiblingen ausstieg und der nette junge Mann irgendwo unter der Bank lag und für seine Mitreisende nach altem Krempel suchte anstatt mir ›tschüs‹ zu sagen.«

»Das haben Sie damals gedacht?« rief ich laut.

In mir begann wieder ein Orchester zu spielen, Violinen erklangen, Flöten begleiteten sie, ein Kontrabaß kam hinzu.

»Frau Sproll«, rief es von einem Tisch, »kommen Sie nicht zu uns?«

»Sie hat einen neuen Verehrer«, tönte eine männliche Stimme, »da haben wir keine Chance mehr.«

»Einen Moment noch«, rief sie, wandte sich dann wieder mir zu, »natürlich habe ich das gedacht. Warum nicht? Sie waren mir sympathisch, und dann mußte ich so ohne jeden Gruß aussteigen. Das ist mir selten passiert.«

»Mein Gott, ich darf gar nicht daran denken.«

»Dabei hatte ich mich vorher so köstlich amüsiert.«

»Wieso?«

»Na ja, weil ich natürlich bemerkt habe, wie Sie mit mir in Verbindung treten wollten und krampfhaft nach einer Möglichkeit suchten, ein Gespräch zustandezubringen. Und jedesmal, wenn Sie zu mir herüberschielten, kam die nörglerische Frau dazwischen und meckerte irgendwas von Anstand und so.«

»Sie haben das bemerkt?«

»Na klar, ich bin doch nicht blind!«

»Dann hätten Sie es mir wahrhaftig einfacher machen können.«

»Warum? Ich finde, die Männer sollen sich ruhig etwas bemühen, wenn sie mit einer Frau anbändeln wollen.«

»Ganz schön bequem«, sagte ich, »und ich bin auch noch so dumm und mühe mich ab. Aber damals habe ich mich schön blamiert!«

»Wieso? Es hat doch geklappt! Bis auf den Schluß allerdings, der ging gründlich daneben.«

»Das kann man wohl sagen..«

»Und ich versuchte vorher noch, eine gute Zugverbindung nach Paris herauszubekommen, weil ich unsere neue Single-Tour für jüngere Leute nach Frankreich vorbereiten wollte.«

»Jetzt verstehe ich, deshalb das Auslandskursbuch.«

»Frau Sproll«, rief eine kräftige Männerstimme dazwischen, »jetzt kommen Sie doch endlich!«

Sie drehte sich den älteren Leuten zu, lächelte.

»Sofort.«

»Sie sind sehr begehrt.«

»Ich bin die Reiseleiterin«, erklärte sie, »das bringt es so mit sich. Wollen Sie nicht mit hinüberkommen?«

Ich hatte mir das Zusammensein mit ihr zwar etwas

intimer vorgestellt, konnte angesichts der Umstände aber schlecht »nein« sagen.

»Aber mein Essen?« fragte ich, »ich warte darauf.«

»Lassen Sie es sich zu uns rüberbringen, die Leute freuen sich bestimmt, wenn Sie mitkommen.«

Wir wechselten zu dem mittleren Tisch, wo noch zwei Plätze frei waren und setzten uns nebeneinander.

»Ist Ihr Verlobter gekommen?« wollte eine ältere Frau wissen.

Wir lachten beide.

»So gut kennen wir uns noch nicht«, antwortete ich und blinzelte der Frau, die nach unserem Verhältnis gefragt hatte, zu, »aber vielleicht können Sie etwas in die Wege leiten helfen?«

»Dann haben Sie Absichten?«

Ich zuckte mit der Schulter, grinste.

»Wir werden sehen, wie es kommt.«

»Auf jeden Fall viel Glück. Und die Frau Sproll, also, das ist eine besonders nette Person!«

»Ich weiß«, antwortete ich, »deshalb bin ich ja da.«

»Extra deswegen?«

Ich kam nicht mehr zum Antworten, weil mein Essen aufgetragen wurde, zwei große Teller.

»Guten Appetit«, schallte es von allen Seiten.

Ich bedankte mich, begann zu essen, wobei ich mich über mangelnde Unterhaltung nicht beklagen konnte. Ich erfuhr, daß die Gruppe seit vier Tagen per Bahn in der Schweiz unterwegs war, aus zwölf Frauen und zwölf Männern und ihrer allseits geliebten Reiseführerin bestand und daß sie unglaublich beeindruckende Fahrten mit verschiedenen Bahnen durch die herrliche Schweizer Bergwelt erlebt hatte. Vor fünf Tagen noch einander vollkommen unbekannt, hatten sich hier vierundzwanzig verwitwete Menschen auf Anregung des Heidelberger Bekanntschaftsinstituts hin zusammengefunden, um gemeinsam unterhaltsame Ferien zu genießen und vielleicht auch neue Lebenspartner kennenzulernen. Sollten manche der Teilnehmer während dieser Zeit einander nähergekommen sein, war dies eine schöne Begleiterscheinung, blieben solche Kontakte aus, hatten sie auf jeden Fall schöne Tage verbracht.

»Und ich werde mich bei der nächsten Tour wieder anmelden«, erklärte ein Mann, »aber nur, wenn Frau Sproll sie leitet.«

»Wohin soll die Reise dann gehen?« fragte ich.

»Das ist mir gleich«, erwiderte er, »wissen Sie, ich bin jetzt achtundsiebzig, da bin ich um jeden Tag froh, den ich noch unterwegs sein kann.«

Ich erfuhr, daß das Institut Single-Touren für Menschen jeden Alters veranstaltete, dabei aber streng darauf achtete, daß die Teilnehmer nach Lebensjahren zueinander paßten und von jedem Geschlecht gleich viele dabei waren.

»Leider melden sich nicht allzu viele Senioren an«, meinte Katharina, »vor allem an Männern fehlt es, obwohl gerade bei Menschen im sogenannten zweiten Frühling die Kontaktarmut oft ein großes Problem darstellt.«

»Ich bin schon im dritten Frühling, Frau Sproll«, beeilte sich ein Mann zu berichtigen, »mein zweiter liegt bereits über fünfundzwanzig Jahre zurück.«

»Umso besser, daß Sie dann Ihren Dritten noch so intensiv erleben dürfen«, antwortete sie.

»Sehr intensiv«, rief eine ältere Dame unter dem Gelächter der ganzen Gruppe, »Sie glauben gar nicht, wie intensiv er ihn erlebt.«

»Seien Sie doch froh, liebe Anneliese«, gab ihr der

Mann zur Antwort, »Sie dürfen doch ein Stück weit meinen dritten Frühling mitgenießen.«

»Allerdings«, erklärte sie, und alle lachten wieder, »ich komme mir vor, als wär ich noch mal zwanzig. Solange ist es schon her, daß man mir so viele zweideutige Komplimente machte.«

»Zweideutig? Aber nein, die sind alle eindeutig gemeint!«

Die Stimmung in der Gruppe war lustig und ausgelassen. Wir saßen zusammen und unterhielten uns, wobei mal eine Frau aus ihrem Leben erzählte, dann wieder ein Mann. Ab und zu standen auch Pärchen auf, verließen die Gaststube und schauten sich draußen in der dunklen Bergwelt um.

»Unglaublich, diese Umgebung«, meinte ein Mann, als er mit einer Frau wieder in die Wirtschaft trat, »der Himmel voller Sterne, das Rauschen des Baches, die Bergmassive, herrlich.«

»Und die Begleitung, wie war die?« frotzelte ein anderer.

Einige lachten.

»Zwei Sterne, die leuchten«, erklärte er und nahm die Frau in den Arm, »und eine hügelige Landschaft neben mir, zum Festhalten und Aufwärmen.«

Unter dem Gelächter der Gruppe drückte ihn die Frau ein Stück weit von sich.

»Ich ginge auch gern mal nach draußen«, sagte ich, »hätten Sie Lust?«

»Warum nicht?«

Der Mann neben mir blinzelte mir verständnisvoll zu.

»Viel Glück«, rief er, andere stimmten mit ein.

Draußen bot sich ein unbeschreibliches Panorama.
»Es ist kaum zu fassen«, flüsterte ich.

»Jeder Tag in der Stadt ist einer zuviel«, antwortete sie.

»Sie lieben die Natur sehr?«

»Viel mehr als das, was Menschen gemacht haben.«

»Dabei haben Sie beruflich so viel mit Menschen zu tun.«

»Ja«, sagte sie, »ich möchte ihnen helfen, sich wieder besser mit anderen zu verstehen. Diese Fähigkeit haben viele in der künstlichen Welt unserer Städte verloren. Wenn ich sie der Natur näherbringe, können sie vielleicht auch wieder besser zu sich und anderen finden, das hoffe ich jedenfalls.«

»Sind Sie schon lange dabei?«

»Drei Jahre«, erklärte sie, »wir haben das Institut gemeinsam gegründet.«

»Gemeinsam?«

»Zwei Frauen und ein Mann. Wir hatten vom Studium die Nase voll, wollten praktisch etwas tun. Seitdem versuchen wir es.«

»Was haben Sie studiert?«

»Brigitte und Michael Psychologie und ich Theologie.«

»Theologie?«

»Ich wollte Menschen helfen, aus der Rücksichtslosigkeit unserer Gesellschaft auszubrechen, nein zu sagen zu dem Egoismuswahn unserer Welt.«

»Und das können Sie hier verwirklichen?«

»Ein Stück weit, ja. Bestimmt besser als in einem Pfarramt oder an der Schule als Religionslehrerin. Wir verstehen uns nicht als normales Heiratsinstitut. Wir wollen den Menschen zu mehr verhelfen als nur zu einem Partner. Haben Sie bemerkt, wie glücklich die älteren Leute sind?«

»Die ganze Zeit«, sagte ich, »sie verehren Sie regelrecht.«

»Wir reisen nicht nur. Ich lese ihnen oft vor, halte

kleine Vorträge, je nach Möglichkeit: mal draußen in der Natur, mal irgendwo in einem Zug unterwegs. Ich gebe ihnen Aufgaben, auf ihre Umgebung zu achten, Pflanzen zu betrachten, nach Tieren zu sehen, sich auf Kleinigkeiten zu konzentrieren und dabei die Schönheiten unserer Welt neu zu entdecken. Und dann verteile ich sie unterwegs im Zug oft so, daß sie zu anderen Leuten Kontakt finden. Sie sind nicht die ganze Zeit nur unter Gleichaltrigen. Wir fahren bewußt mit der Bahn, um ihnen klarzumachen, daß wir auf andere Menschen Rücksicht nehmen und die Natur schonen und nicht mit Abgasen und Lärm zerstören wollen, und um Kontakte zu anderen Menschen in die Wege zu leiten. Sie können sich gar nicht vorstellen, was es für sie bedeutet, mit jungen Leuten zusammenzukommen, sich mit ihnen zu unterhalten. Unterwegs im Zug haben fast alle Zeit füreinander. Da stehen Möglichkeiten, Beziehungen zu finden, offen, die sonst kaum jemand nutzt. Ich glaube, fast alle werden diese vierzehn Tage nicht so schnell vergessen.«

Wir schwiegen, liefen den Berg hoch, kamen an der bewirtschafteten Hütte vorbei. Unten, weit entfernt im Tal, glänzten die Lichter von Poschiavo, dem kleinen Ort am gleichnamigen See.

»Es sind nicht alle Gruppen so harmonisch wie diese«, erklärte sie, »manchmal gibt es von Anfang an Spannungen, oft entwickeln sich auch Differenzen zwischen einzelnen Leuten, die die Atmosphäre während der gesamten Tour vergiften. Manchmal kommen sich zwei Frauen oder Männer wegen eines potentiellen Partners ins Gehege, das ist dann weniger schön. Zudem sind die Interessen der Leute natürlich vom Lebensalter geprägt. Je älter die Teilnehmer, desto leichter sind sie zufriedenzustellen. Viele haben zwar sonderbare Manieren entwickelt, die das Zusammenleben mit anderen nicht gerade erleichtern, sie sind aber meist so froh, unterhaltsame Tage erleben zu dürfen, daß sie keine größeren Probleme verursachen. Mit jüngeren Gruppen dagegen ist es nicht immer so einfach. Viele suchen ständig Abwechslung, wollen dauernd Aktion, sonst sind sie nicht zufrieden. Lieber mitten rein in die Hektik einer Großstadt, wo immer irgendwas läuft, als raus in die Stille der Natur, wo man vielleicht ins Grübeln kommen könnte. Die meisten Teilnehmer sind Spiegelbilder unserer Gesellschaft, geprägt von oberflächlichem Denken und stark ausgeprägtem Egoismus, Marionetten des Konsums. Hier liegt einer unserer Ansatzpunkte, wo wir helfen wollen, etwas zu verändern. Zu einer Partnerschaft gehören nicht nur zwei Menschen, die die Absicht haben, zusammenzuleben. Zu einer Partnerschaft, die gelingen soll, gehört vor allem auch die entsprechende Lebenseinstellung dieser beiden Menschen. Fehlt die Bereitschaft, aufeinander zu hören, auf den anderen zuzugehen und die eigenen Interessen zeitweise in den Hintergrund zu rücken, geht eine Partnerschaft schweren Zeiten entgegen. Leider müssen wir beobachten, wie immer mehr Menschen solche beziehungsfeindlichen Verhaltensweisen verinnerlichen. Kein Wunder, daß so viele Partnerschaften zerbrechen. Das ist die natürliche Konsequenz unserer Gesellschaftsordnung. Nirgendwo auf der Welt werden die Menschen zu solch egoistischem Verhalten getrimmt und von solch beziehungsfeindlichen Normen geprägt wie im Westen. Was bei uns zählt, ist allein der Gedanke, die eigenen Wünsche zu realisieren. Unser Leben scheint nur dazu da, immer neue, uns ursprünglich unbekannte und meist vollkommen überflüssige Dinge kennenzulernen, sie als lebensnotwendig zu erachten und dann zu erwerben. Viele Menschen bei uns haben dieses Verhalten so stark verinnerlicht, daß ihr Leben von ständigem Konsum geprägt wird. Sie funktionieren buchstäblich wie ferngesteuerte Roboter. Hier das Angebot, dort die Nachfrage. Mit jedem Kauf realisieren sie ein Stück Lustgewinn.

Anderen Menschen nähern wir uns wie einer Ware, die wir anschauen, überprüfen und dann vielleicht kaufen, weil wir glauben, sie könne uns Nutzen bringen. Was unseren Alltag prägt, dominiert auch in den Beziehungen von Mensch zu Mensch. Vor lauter Kaufen und Konsumieren sind wir zu verhärteten Egoisten geworden, die sich kaum noch freuen und anderen Einflüssen öffnen können. Unsere Augen sind offen für neue Kaufobjekte, aber unsere Herzen sind allzu oft verschlossen für die kleinen Überraschungen des Lebens. Was wir alle unbedingt wieder lernen müssen, ist der Weg heraus aus diesem Teufelskreis. Wir müssen die Weichen in eine neue Richtung stellen, dorthin, wo uns die Welt nicht mehr wie ein einziger großer Selbstbedienungsladen präsentiert wird, sondern wo wir einander wieder als Menschen begegnen können.

Weißt du, ich denke oft zurück an die Erzählungen meiner Mutter aus ihrer Kindheit, wie froh und glücklich sie damals waren, wenn sie im Bach baden durften. Nichts anderes als im Bach zu schwimmen, machte sie zu den fröhlichsten Geschöpfen. Im Vergleich dazu meine Jugend! Was bekamen wir schon alles, um zufrieden zu sein, und was schenken wir den Kindern heute, um all ihre Wünsche zu erfüllen? Können die überhaupt glücklich und zufrieden werden heute? Sie sind an ständigen Überfluß gewöhnt, für sie ist es selbstverständlich, fast alles zu bekommen, was

sie im Fernsehen oder bei anderen Kindern sehen –
aber was wird, wenn die Sache anders läuft und ihre
Wünsche nicht erfüllt werden können?«
Stillschweigend waren wir im Verlauf des Gesprächs
zum »Du« übergegangen.
»Wo bist du aufgewachsen?« fragte ich.
»In Hockenheim, wie meine Mutter. Eine kleine, be-
schauliche Stadt in der Nähe von Heidelberg. Der Garten der Großeltern führte von ihrem Haus an der obe-
ren Hauptstraße bis hinunter zum Kraichbach. Sie
brauchten nur die Gartentür zu öffnen, um zum Bach
zu gelangen.
Meinst du, unsere Kinder könnten einmal wieder auf
so einfache Weise Glück empfinden wie die Menschen
früher, die bescheidener waren, weil sie genau wußten, daß nur ein kleiner Teil ihrer Wünsche in Erfül-
lung gehen konnte? Wenn ich es gewohnt bin, ständig
alles zu bekommen, was ich will, kann ich dann überhaupt noch mit einem Menschen zusammenleben,
ohne dauernd Enttäuschungen hinnehmen zu müssen – ganz einfach weil kein Mensch, auch nicht mein
Partner, ständig alle meine Erwartungen erfüllen
kann? Zum Miteinanderleben gehört als wichtige Ba-
sis die Bereitschaft zum Verzicht auf eigene Vorrechte
zugunsten meines Partners. Wer aber das Verzichten in
unserer Konsumwelt nicht gelernt hat, kann es in seiner Partnerschaft auch nicht realisieren! Wir müssen
wieder lernen, zu verzichten, ganz bewußt, auf einen
Teil des Überflusses unserer Gesellschaft. Wir müssen
begreifen, welch überflüssigen Nichtigkeiten wir Tag
für Tag nachjagen. Was wir versuchen, ist, unseren
Teilnehmern nicht allein zu einem Partner zu verhelfen, sondern ihnen die Grundlagen einer sinnvollen
Partnerschaft bewußt zu machen.«

»Und du glaubst, ihr habt Erfolg?«

»Wir können es nur ansatzweise versuchen. In unserer Gesellschaft sind alle Bemühungen für einen verständnisvolleren Umgang miteinander nur Tropfen auf den heißen Stein. Wir fordern unsere Teilnehmer dazu auf, bewußt Verzicht zu trainieren, um auch dem Partner gegenüber leichter Zugeständnisse machen zu können.«

»Wie wollt ihr das erreichen?«

»Wir fangen dort an, wo die täglich praktizierte Rücksichtslosigkeit in unserer Gesellschaft die meisten Opfer fordert. In keinem anderen Bereich hat der Vorteil eines einzigen Menschen so viele negative Auswirkungen für die Allgemeinheit wie im Straßenverkehr. Sich im Auto fortzubewegen, bringt einem einzigen alle Annehmlichkeiten, vielen anderen Menschen aber Lärm, krebserregende Abgase und extreme Gefährdung ihrer Gesundheit und ihres Lebens, ganz zu schweigen von der unverantwortlichen Verschwendung wertvoller Rohstoffe und der weiteren Verschärfung der klimatischen Situation der Erde. Unsere Städte sind verstopft von Autos, von Autolärm erfüllt, es macht kaum noch Spaß, in ihnen zu leben. Die Allgemeinheit zahlt den Preis für die Vorteile jedes einzelnen Egoisten. Im Autowahn findest du eine der Grundlagen für gestörte zwischenmenschliche Beziehungen. Wer gewohnt ist, trotz aller katastrophalen Auswirkungen auf seine Mitmenschen, in seinem eigenen Blech von Haustür zu Haustür zu rollen, dem kannst du kaum abverlangen, daß er Rücksicht auf andere nehmen soll. Mit diesem Lebensstil züchten wir uns die Beziehungsprobleme für morgen.

Natürlich ist es einem einzelnen Menschen kaum möglich, gegen diese kollektive, von der Gesellschaft sanktionierte Rücksichtslosigkeit anzugehen. Der Autofahrer wird ja für sein unsoziales Verhalten belohnt: Er zahlt gerade den zehnten Teil der Kosten, die er verursacht. Den großen Rest, etwa 90 Prozent, tragen die anderen, auch die, die sich an diesem egoistischen Verkehrsverhalten überhaupt nicht beteiligen.

Wie sollen wir da groß gegensteuern? Allein in Deutschland sind es Jahr für Jahr Kosten von etwa 200 Milliarden DM, die von Autofahrern verursacht und auf andere abgewälzt werden. Die Benzinpreise müßten drastisch erhöht werden, sollen die Verursacher zur Kasse gebeten werden. Solange aber dieses unsoziale Verhalten von der Allgemeinheit so stark subventioniert wird, können wir es nur mit kleinen Schritten versuchen. Wir bieten unsere Single-Kurse prinzipiell nur als Bahntouren an, um die Leute an das Miteinander auch beim Reisen zu gewöhnen. In allen Ländern, die wir gemeinsam kennenlernen, nutzen wir Netzkarten, die für einige Tage oder ein paar Wochen Freifahrt auf allen Schienensträngen erlauben. Wir waren in Spanien, Italien, Frankreich, England, Schottland, Irland, Wales, Österreich, den Niederlanden, Griechenland, der Türkei und in Skandinavien unterwegs, immer mit diesen preisgünstigen Tickets. Oft essen wir gemeinsam im Speisewagen, haben Betten im Schlafwagen gebucht. Unterwegs leihen wir zur Abwechslung Fahrräder, um wieder das Erlebnis zu vermitteln, sich eine Landschaft aus eigener Kraft zu erobern. Manchmal fahren wir mit der Bahn zu einem hochgelegenen Bahnhof, mieten dort Fahrräder und brausen dann ins Tal. Meinst du, das macht weniger Spaß, vermittelt weniger Geschwindigkeitserlebnis als das röhrende Lärmen einer Motorradtour?

Wir wollen unseren Single-Tour-Teilnehmern zeigen,

wieviel Spaß es macht, gemeinsam unterwegs zu sein – vielleicht gewinnen sie soviel Freude dabei, daß sie sich anstecken lassen und selbst auf ein menschenfreundlicheres Verhalten umsteigen, womit sie selbst wieder beziehungsfähiger werden – wer weiß?«

Wir waren an einem steilen Abhang angekommen, blickten hinunter ins Tal.

»Warum reden wir die ganze Zeit nur von mir und unserer Arbeit? Du hast mir noch nicht erzählt, wie du den Weg hierher gefunden hast.«

»Das ist eine komplizierte Geschichte«, sagte ich und schilderte ihr meine ausgiebigen Bemühungen, sie zu finden.

»Mein Gott, das ist ja unglaublich. Und alles nur wegen mir?« Sie schüttelte den Kopf. »Gibt es heute tatsächlich noch Männer, die sich so für eine Frau engagieren?«

»Ich kann es selbst kaum fassen. Aber es ist so.«

»Wahnsinn!« meinte sie, »ich bin das nicht wert!«

Ich widersprach ihr heftig, ließ mich dann aber besänftigen.

»Nicht so laut! Wir jagen den Tieren Angst ein. Die sind Menschen um diese Zeit hier draußen nicht gewohnt.«

An diesem Abend wurde es sehr spät. Irgendwann, die Luft in 2300 Metern Höhe war auch im Sommer recht frisch, kuschelten wir uns aneinander, um uns gegenseitig aufzuwärmen. Eng umschlungen kehrten wir kurz vor Mitternacht in den Bahnhof zurück. Die Lichter waren längst gelöscht, die Leute in ihren Betten. Und was dann geschah, geht Sie, liebe Leser, eigentlich nichts an.

37

Von den darauffolgenden Tagen werde ich irgendwann sicher sagen können, sie gehörten zu den schönsten meines Lebens – gleichgültig, was noch alles auf mich zukommen wird. Vielleicht waren sie die Belohnung für all das, was ich auf mich genommen hatte, um Katharina zu finden.

Samstags wanderten wir mit der ganzen Gruppe auf Alp Grüm umher. Wir kletterten langsam und vorsichtig, so daß niemand von den älteren Menschen in Gefahr kam, sich zu verletzen, den steilen Pfad zum Gletschersee hinunter und pirschten uns an die Ausläufer der schmelzenden Gletscherzunge heran.

Katharina informierte die Leute über die Entstehung des Gletschers, die Verhältnisse in den letzten Eiszeiten und die gegenwärtige Entwicklung der Eismassen unter dem Einfluß der drohenden Klimakatastrophe.

Mittags wanderten wir auf die östliche Seite der Alp, über stille, unberührte Wiesen und Berghänge mit einem weiten Blick über den Poschiaver See bis hinunter ins fast 2000 Meter tiefer gelegene italienische Veltlin. Katharina zeigte uns Blumen und Kräuter, die sonst nur selten zu finden waren und erklärte ihre Bedeutung. Auf einer Bergwiese machten wir Halt, setzten uns ins weiche Moos und verzehrten unsere Lekkerbissen aus dem Picknickkorb. Selbstverständlich achteten wir darauf, daß auch nicht das kleinste Fetzchen Papier liegenblieb.

Abends kletterten wir zu zweit hinunter an den Gletschersee, genossen die schweigende Natur und unsere Nähe.

Am Sonntag fuhren wir mit der Bahn auf der Route des berühmten Bernina-Expreß die unzähligen Serpentinen von Alp Grüm hinunter an den Poschiaver See, später weiter nach Tirano im italienischen Veltlin, abends wieder hoch zur Alp Grüm.

Montag morgens rief ich im Amt an, ließ mich für die ganze Woche beurlauben und kaufte mir ebenfalls einen Swiss Pass.

»Du bist verrückt«, flüsterte Katharina.

»Soll ich gehen?«

»Ich mag Verrückte.«

Mittags nahmen wir Abschied von Alp Grüm, fuhren auf 2300 Meter Höhe am Bernina-See mit dem gleichnamigen Gletscher vorbei und rollten dann ins Engadin hinunter, jenes Hochtal, in dem der Inn seine ersten Kilometer hinter sich bringt.

Ich begleitete Katharina und die ganze Gruppe quer durch die gesamte Schweiz, lernte dabei zauberhafte Landschaften, Gebirge, Städte und Dörfer kennen. In Graubünden folgten wir dem Vorderrhein zu seiner Quelle, krochen mit dem Glacier-Expreß den Oberalp-Paß in atemberaubenden Serpentinen hinunter nach Andermatt, folgten dem Lauf der Rhone durchs Oberwallis und bestaunten das berühmte Matterhorn in Zermatt.

Vom unteren Wallis brachte uns eine Bergbahn nach Vallorcine nicht weit vom höchsten Berg der Alpen, dem Montblanc, entfernt. Später verweilten wir am Genfer See, schraubten uns dann im Panoramic-Expreß hoch über den See, um nach Spiez vorzustoßen. Irgendwann von unterwegs meldete ich mich bei Thomas und erzählte ihm etwas von einem überraschenden Treffen mit einer alten Bekannten.

Und wirklich schien es mir nach wenigen Tagen so, als

seien Katharina und ich bereits seit Monaten, wenn nicht Jahren, zusammen. Vor lauter Glück achtete ich überhaupt nicht darauf, daß Thomas etwas von einer wahren Briefflut erwähnt hatte. Ich Drückeberger scheue mich nur vor der Arbeit.

Briefe? Arbeit? Was meinte er damit? Im Augenblick sah ich nur Katharina und schwebte auf Wolken.

Die Schweiz erschien mir wie ein einziger Paradiesgarten. Ich entdeckte Blumen, roch Blüten, sah Schmetterlinge und Vögel, die mir nie zuvor im Leben aufgefallen waren. Die gesamten zehn Tage, die wir unterwegs waren, schien die Sonne, wärmten mich ihre Strahlen.

»Schade, daß es heute regnet«, meinte einer der älteren Leute.

Ich schaute zum Himmel, spürte das Naß, das meine Haare aufweichte und fühlte trotzdem die Wärme und das Licht der Sonne.

War es Katharina? War es unser gemeinsames Erleben?

Was soll hier alles Nachdenken, alles Spekulieren? Warum immer unseren Verstand gebrauchen, wenn er doch keine Antwort zu geben weiß?

Wir Menschen leben nicht von der Vernunft allein.

Es waren zehn Tage, die zu den Höhepunkten meines Lebens gehören. Stunden, wie uns nur wenige gegeben sind. Katharina und ich – einfach ein Traum.

Zu schön, um noch ein Wort darüber zu verlieren.

Dr. Frühlings liebstes Liebesgericht

Wenn Sie mit Ihrem Partner etwas Besonders genießen wollen, machen Sie es doch einmal wie Madame Pompadour. Sie war die einflußreichste Mätresse des französischen Königs Ludwig XV. und versuchte mit allerlei speziellen Gerichten, sich die Gunst des Königs zu erhalten. Eine ihrer Lieblingsmahlzeiten, war die exklusive Klößchensuppe

Consommé à la Pompadour

Zutaten: (für die Suppe) ca. 400 g Hühnerfleisch, 1 große Zwiebel und 1 Stange Porree in Ringen, 100 g Petersilie, 3 Mohrrüben, 50 g Sellerie, Thymian, Muskatblüte, zerkrümelter Lorbeer, Pfefferkörner, Zitronenschale. (für die Klöße)
100 g gebratene Hühnerleber, 150 g gekochter Speck, 2 Eier, 1 altes eingeweichtes Brötchen, gemahlener Pfeffer, Rosmarin, Salz, Knoblauchpulver. (für die Einlage)
1 Trüffel (ca. 50 g), Sellerie, 10 Krebsschwänze oder Scampi aus der Dose, 1 Flasche Sekt oder Champagner.

Zubereitung: Das Hühnerfleisch in einem Topf mit ca. 2 Liter Wasser kochen. Die übrigen Suppenbeigaben zumischen und mit mäßiger Hitze ca. 2 Stunden ziehen lassen. Die Brühe durch ein Tuch schütten, abkühlen lassen und entfetten, anschließend nochmal kochen und solange sieden lassen, bis nur noch zwei kleine Teller voll übrig sind. Vom inzwischen gekochten Hühnerfleisch 300 g entnehmen, mit der Leber und dem Speck durch den Fleischwolf drehen, dann dieses Gemisch mit Eiern, Gewürzen und einem fein zerteilten Brötchen vermengen. Jetzt kleine Klöße formen und ca. 20 Minuten in der Hühnerbrühe ziehen lassen. Den Trüffel fein zerschneiden, der Suppe zugeben. Die Sellerie schälen in Streifen schneiden, in der Brühe garen Die Krebsschwänze oder Scampi in etwas Sekt dünsten, dann in den Teller geben und die Suppe dazufüllen. Guten Appetit!

38

Unsere Küche konnte nie für einen Versandhauskatalog herhalten. Sie war von uns auch nicht als Möbel- oder Photostudio geplant, sondern zum praktischen und gemütlichen Wohnen hergerichtet worden. Wie sie aber jetzt aussah, spottete jeder Beschreibung. Weiße, graue, grüne, rosarote, gelbe Briefe, überall Briefe. Irgendwo zwischendrin neben Möbelstücken, einer Energiegewinnungsanlage und ungespülten Geschirrbergen ein aufgeregter Udo Lindenberg und ein etwas verwildert gekleideter und unrasierter Herr Dr. Frühling alias Frau Dr. Fitterling.

»Welche Ehre«, meinte er und warf mir einen giftigen Blick zu, »der Herr weiß, wie man sich vor der Arbeit drückt.«

Udo Lindenberg sprang vom Schrank, auf dem er es sich bequem gemacht hatte, und kam heftig miauend auf mich zu.

»Mein Gott, der Kerl begrüßt ihn wie ein Irrer, obwohl er ihn so im Stich gelassen hat.«

»Ja, ja, die Liebe«, erwiderte ich, »Udo und ich haben es halt miteinander.« Ich nahm den Kater hoch, drückte ihn an mich, streichelte ihn.

»Anscheinend nicht nur mit Udo. Wie heißt sie?«

»Katharina«, sagte ich.

»Erzähle!«

Ich berichtete ihm alles, von der ersten Begegnung im Zug an dem Tag, als mein Auto kaputt gegangen war, bis zur Tour quer durch die Schweiz.

»Und nächstes Wochenende fahren wir nach Paris.«

»Junge, Junge!«

»Beruflich sozusagen.«

Sein Gesicht war ein einziges Fragezeichen.

»Mittwoch bis Montag betreut Katharina eine Gruppe von jungen Singles nach und in Paris.«

»Ganz schön abwechslungsreicher Job.«

»Kann man wohl sagen.«

»Daß sie dabei aber keinen besseren gefunden hat als ausgerechnet dich?«

»Ja, so spielt eben das Schicksal.«

»Herzlichen Glückwunsch, Alter.«

»Danke. Du wirst sie bald kennenlernen.«

»Welche Ehre.«

»Ab Freitag nächster Woche.«

»Wo?«

»Hier.«

»Hier?«

»Bei uns.«

»Aha.«

»Falls du nichts dagegen hast.«

»Wie sollte ich?«

»Na ja, wenn sie eine Zeitlang bei uns wohnt.«

»Wohnt?«

»In meinem Zimmer natürlich.«

»Oh, sie kann ruhig in meinem Bett übernachten, wenn sie so hinreißend ist, wie du sie schilderst.«

»Ich glaube, sie zieht meines vor.«

»Wer weiß.«

»Sie sucht nämlich in unserer Gegend ein Büro als Zweigstelle für ihr Institut. Außerdem, wenn möglich, irgendwo in einem Dorf hier in der Nähe ein Haus oder eine größere Wohnung für Single-Treffs am Wochenende. Sie haben sehr viele Kunden aus unserer Region. Deshalb war sie damals auch in allen Städten und Dörfern hier unterwegs, als ich sie kennenlernte.«

»Und deshalb möchte sie ab nächster Woche ihre Zelte bei uns aufschlagen?«

»Wenn du es erlaubst – natürlich nur für einige Tage.«

»Wieso sollte ich was dagegen haben?«

»Man weiß ja nie.«

»Solange sie dich nicht davon abhält, fleißig Briefe zu lesen und für Günther die passende Partnerin rauszusuchen, habe ich nichts einzuwenden.«

»Wie viele Briefe sind überhaupt gekommen?«

»Sieh dich um!«

Diese Aufforderung war überflüssig, da es in unserer Küche außer Briefen ohnehin kaum noch anderes zu sehen gab.

»Hast du gezählt? Insgesamt?«

»Allerdings.«

»Und? Wie viele?« Ich platzte beinahe vor Neugier.

»Achtundsechzig«, sagte er gedehnt.

»Achtundsechzig«, wiederholte ich, »Junge, Junge!«

»Heute kam wieder ein Bündel.«

Achtundsechzig Briefe von einer Zeitung! Eine stolze Bilanz, ohne Zweifel. Wenn Günther jetzt keine Partnerin fand, wann dann?

»Allerhand Arbeit, klar?«

»Aber nicht diese Woche!«

»Nicht? Wieso?«

»Morgen und am Dienstag bin ich im Amt. Das sind ganze zwei Tage. Da werde ich keinen Abend vor acht rauskommen. Blieb doch alles liegen, letzte Woche. Und Mittwoch fahre ich schon wieder nach Paris. Da bleibt keine Zeit mehr für den Kram, echt nicht.«

»Ja, soll ich es vielleicht allein durchackern?«

»Schieben wir es doch auf nächste Woche auf?«

»Bleibt wohl nichts anderes übrig.«

39

Paris war hinreißend schön und aufreibend hektisch zugleich, wie immer, wenn ich in diese unruhige Riesenstadt kam. Wir kämpften uns durch die lärmerfüllten Straßenschluchten, schaukelten in der Metro in benachbarte Arondissements und flanierten gemütlich durch Parks, Kulturforen und Museen. Ob Montmartre mit der Sacre Coeur, die Ile de la Cité mit Notre Dame oder die Champs-Elysées mit dem Arc de Triomphe, Katharina ließ nichts unversucht, uns die Sehenswürdigkeiten der Metropole näherzubringen.

»Mein Lieblingsbauwerk in der Stadt«, erklärte sie, als wir das Rathaus betrachteten, und ich stimmte ihr gerne zu. Unter all den vielen monumentalen Fassaden ein besonders harmonischer Anblick.

Wir besuchten den Blumenmarkt gleich nebenan und natürlich den Louvre. Einen halben Tag flutete seine Bilderpracht auf uns ein und war doch nur ein kleiner Teil dessen, mit dem er aufzuwarten vermochte.

Natürlich war der Eiffelturm aus nächster Nähe beeindruckend, der gigantische Bau des Hôtel des Invalides mit dem Invalidendom besonders imposant und der Bois de Boulogne mit seinen üppigen Parkanlagen überwältigend. Dennoch gefiel es mir dort am besten, wo die Romantik und die eher heitere, ausgelassene Stimmung Triumphe feierten: Etwa in den ruhigen Gassen und auf den hübschen kleinen Brücken rund um den Kanal Saint Martin mit den vergammelten Häuschen der Schleusenwärter und den beschaulichen Grünanlagen entlang den schmalen Wasserläufen. Natürlich auch droben im Viertel aller Pariser Vier-

tel, dem Montmartre mit der kitschigen Zuckerbäcker-
fassade der Sacre Coeur und dem von Malern, Exhibi-
tionisten und Touristen völlig überfüllten Place du
Tertre.

Waren Sie schon einmal auf dem Hundefriedhof in As-
mières? Katharina machte es möglich. Wir durften
zwar zum Leidwesen mancher Teilnehmer keine Pho-
toapparate mit auf die Insel in der Seine nehmen, die
Gräber der Vierbeiner aber unter Aufsicht einer Wäch-
terin bestaunen.

Nicht weniger skurril fiel die Tour zu den Abwässerka-
nälen der Stadt aus. Zwar war es nicht mehr wie früher
möglich, mit Booten auf den brackigen Wassermassen
durch die Unterwelt der Hauptstadt zu schippern, doch
nahmen wir auf unserer Exkursion genug vom speziellen Flair des unbekanntesten Pariser Duftwässer-
chens in unsere Nasen auf. Offensichtlich schadete das
dem Liebesleben der Gruppenteilnehmer nicht, fanden sich doch im Verlauf dieser Tage mehrere Pärchen
zusammen, speziell, wie mir schien, nach unserem
Untertage-Trip.

Katharina war auch auf dieser von jungen Leuten zwischen fünfundzwanzig und vierzig besuchten Tour die
gute Seele, die unermüdlich Anregungen gab, jederzeit mit Rat und Tat zur Verfügung stand und alles
unternahm, um ihren Schützlingen erlebnisreiche
Stunden und viele Möglichkeiten zum Kontakt untereinander zu vermitteln. Ob es um Tips zum Pariser
Nachtleben, zum Besuch ausgesuchter Restaurants
oder exklusiver Boutiquen ging, Katharina wußte fast
immer Rat. Und dennoch fand sie Zeit genug, mir ganz
persönlich *ihr* Paris für zwei zu zeigen. Es war wieder
eine traumhaft schöne Zeit.

40

Günther war tief beeindruckt.

»Doch nicht alle für mich?« fragte er bestimmt zum fünften Mal. Er saß mitten in unserer von Briefen übersäten Küche, Udo Lindenberg neben sich auf dem Tisch.

»Ganz allein für dich«, beharrte Thomas, »verstehst du jetzt endlich, daß wir es gut mit dir meinen?«

»Aber die Kosten?« stotterte Günther, »habt ihr das...«

»Für unseren besten Freund tun wir alles. Die Anzeige ist unser Geburtstagsgeschenk für dich. Was du daraus machst, entscheidest du ganz allein.«

»Mein Geburtstagsgeschenk? Aber ich habe doch erst im November...«

»Wir glauben, daß sich Kontakte leichter in den wärmeren Monaten herstellen lassen als im Herbst. Oder meinst du, der November sei besser geeignet?«

»Um Gottes willen, nein. Da habt ihr vollkommen Recht. Ich bin nur überrascht über eure Idee.«

»Gefällt sie dir nicht?«

Udo Lindenberg miaute leise.

»Wir wollten dir mal was Besonderes schenken«, sagte ich, »was Kreatives. Nicht immer dasselbe Verlegenheitsgeschenk. Was glaubst du, wie lange wir unser Hirn zermartert haben, bis uns endlich diese zündende Idee kam.«

»Und dann – bis wir endlich die Formulierung hatten«, ergänzte Thomas, »tagelang, ach was, nächtelang haben wir daran gearbeitet.«

»Ich weiß gar nicht, wie ich mich bei euch bedanken

soll«, stammelte Günther verlegen, »wenn ihr euch so viel Mühe nur wegen mir…«

»Du bist unser bester Freund«, meinte Thomas gönnerhaft, »da hängen wir gern mal die eine oder andere Nacht dran.«

»Ich finde eure Idee auf jeden Fall toll.«

»Prima«, sagte ich.

Udo Lindenberg miaute lauter.

»Aber wie soll ich jetzt vorgehen?« fragte Günther, »ich weiß überhaupt nicht, was ich tun soll.«

»Als erstes gibst du Udo Lindenberg seine Streicheleinheiten«, sagte ich.

»Wie bitte?«

Günther schien verwirrt.

»Udo braucht dich«, erklärte ich, »das will er dir mit seinem Gemaunze mitteilen.«

»Ach so!«

Endlich begriff Günther, und innerhalb weniger Minuten erfüllten schnurrende Rhythmen unsere Küche.

»Was soll ich mit den vielen Briefen jetzt tun?«

»Durchlesen!«

»Alle?«

»Es liegt in deiner Hand.«

»Habt ihr sie gezählt?«

Ich schüttelte den Kopf.

»Fünfundachtzig«, sagte Thomas.

Ich schaute ihn überrascht an.

»Woher willst du…?«

»Heute morgen«, erklärte er, »du im Amt, ich beim Zählen.«

»Fünfundachtzig?« wiederholte Günther.

»Das sind ja über fünfzehn mehr als letzte Woche«, sagte ich.

Thomas nickte.

»Unglaublich!«

»Ganz schön Auswahl, wie?«

»Viel zu viel! Soll ich die Frauen alle besuchen?«

Wir entwarfen gemeinsam einen Plan, wie Günther vorgehen sollte. Nach kurzer Beratung zeigte er sich einverstanden.

»Du bleibst heute nacht bei uns. Morgen früh rufst du im Kloster an, daß du verhindert bist, und dann liest du dir schön gemütlich alle Briefe durch, einen nach dem andern. Die interessanteren sortierst du aus, diejenigen, die garantiert nicht in Frage kommen, legst du zur Seite, und die anderen, von denen du nicht weißt, ob sie dich ansprechen oder nicht, legst du auf den dritten Stapel. Übermorgen fährst du wieder nach Hause, schaust die interessantesten nochmals durch und überlegst dir, mit welchen Frauen du zuerst Kontakt aufnimmst. Einverstanden?«

»Einverstanden«, sagte Günther.

»Und wir beide halten uns völlig raus«, sagte ich, »damit du nicht uns die Verantwortung zuschieben kannst, wenn es anders läuft, als du denkst. Entscheidungen in einer solch wichtigen Frage mußt du ganz allein treffen.«

Günther schaute mich gar nicht mehr an. Er öffnete schon das erste Kuvert. Sein großes Unternehmen begann.

41

Irgendwie war es nicht mehr dasselbe.

Mit Katharina in der Schweiz, das kam dem ersten Schritt zum Paradies gleich. Mit Katharina in Paris, das war dem gelobten Land noch etwas näher. Die Vorfreude auf das Leben mit *ihr,* die Erwartung des Zusammenseins bei Tag und Nacht ließen mich im Garten Eden wandeln. Jeder Gedanke an *sie,* jede Erwähnung *ihrer* Person verwandelten sogar Wolkenbrüche in eitel Sonnenschein, Wärme, Blütenduft und gute Laune. Die Freude auf Katharina bedeutete für mich das Abschmelzen des Eises am Ende eines grimmigkalten Winters und das Wehen des ersten milden Frühlingslüftchens.

Und dann kam der ernüchternde Alltag.

Frühmorgens ins Amt, den ganzen Tag die stupide Arbeit mit Akten, Tabellen, Bilanzen. Abends müde und gestreßt zurück, die Mappe voll nachzuarbeitender Unterlagen, Beschäftigung für weitere drei Stunden.

Freude auf Katharina?

Gemeinsame Freizeit?

Glück zu zweit?

Trotz allem: ja.

Aber so nach und nach war es einfach nicht mehr dasselbe wie am Anfang.

Wie sollte es auch? Die erste Faszination war verflogen, das Miteinander von der Ausnahme zur Gewohnheit geworden. Der Alltag hatte die Urlaubsstimmung eingeholt.

Katharina war selbst in keiner beneidenswerten Lage: Tagelang Verhandlungen mit Maklern, Hausbesitzern,

Grundstücksspekulanten, Feilscherei um Geld und Mieten teilweise bis nach Mitternacht, und nach einer Woche langen und unerbittlichen Mühens wurde klar, daß das Angebot nicht ernst gemeint gewesen war. Eine Woche später dieselben Prozeduren: Angebote prüfen, die Preise abchequen, in Verhandlungen treten, die gemeinsamen Vorstellungen testen. Am fünften Tag war das vielversprechendste Angebot, das sie aus allen mühsam herausgesucht hatte, endgültig geplatzt. Katharina verlangte sich selbst das Äußerste ab, um ihrem Unternehmen günstige Startchancen in unserer Region zu vermitteln, aber ihr Nervenkostüm war dem nicht gewachsen.

»Noch so eine Woche kann ich nicht durchhalten«, erklärte sie nach vierzehn Tagen, »wozu kämpfe ich mich ab, wenn es doch zu keinem Ziel führt?«

»Du forderst zu viel von dir«, sagte ich, »du darfst dich nicht so reinknien. Das ist es nicht wert.«

»Entweder ich tue etwas oder ich tue es nicht. Ich habe mich dafür entschieden, also bringe ich mich voll ein.«

In diesen Tagen kam das Telegramm.

42

Drei Tage vor ihrem Besuch traf es völlig überraschend und ohne jede Vorankündigung bei uns ein.

Sind zur Zeit in Europa – stop – kommen 24. 6. für 2 Tage nach Stuttgart – stop – 1 Tag zu Dir? – stop – rufe noch an – Gruß Mersa und Hamid.

»Wahnsinn!« sagte Thomas, »unglaublich! Mein neustes Versuchsobjekt: die glückliche persische Familie. Vom Vater zusammengeführt und trotzdem happy. Ich werde sie ausführlichst examinieren und deinem Freund ordentlich auf den Zahn fühlen. Meine neue Serie: Das falsche Glück des Pascha Hamid. Das wird interessant!«

»Gar nichts wirst du!« erwiderte ich.

Interessant wurde es allemal.

Hamid hatte sich kaum verändert. Ich stellte ihnen Katharina, Thomas und Günther vor, machte mich mit seiner Frau bekannt. Sie war sicher keine Schönheit, dafür aber von auffallend charmanter Ausstrahlung und mit einem außergewöhnlich selbstbewußten Auftreten, zudem sehr geschmackvoll gekleidet. Ihr zuliebe unterhielten wir uns in Englisch. Mersa erzählte, daß sie aus geschäftlichen Gründen nach Europa gekommen sei und Hamid mitgenommen habe, um ihm Gelegenheit zu geben, seine alten Freunde wiederzusehen.

»Du hast *ihn* mitgenommen?« fragte ich sie überrascht.

»Warum nicht?« antwortete sie.

»Na ja, ich dachte…«

Ich schwieg verlegen.

Hamid lachte laut.

»Der liebe Gottlieb glaubt, wir Menschen außerhalb Europas leben im finstersten Mittelalter und behandeln unsere Frauen wie unser Eigentum, und nur im goldenen Westen scheint das Licht der wahren Freiheit. So ist es doch, wie?«

»Na ja, so wollte ich es nicht formulieren«, erwiderte ich.

»Aber du denkst so«, meinte er, »wie die meisten ›aufgeklärten‹ Leute im Westen, ich erinnere mich noch gut.«

Ich verstand die Ironie seiner Worte, versuchte, abzuwiegeln.

»Unsere Kenntnis Eurer Kultur ist sehr beschränkt.«

»In der Tat«, erklärte Hamid, »so wenig ihr euch unsere Sitte, einen Partner zu finden, vorstellen könnt, so dürftig ist es auch um das Verständnis unserer Lebensart bestellt. Die meisten Menschen im Westen leben mit dem Selbstbewußtsein, die höchste Stufe des Daseins erklommen zu haben – und in den anderen Ländern, speziell in denen, die es wagen, sich nicht dem Westen anzupassen, ihm nicht blind nachzueifern, herrschen die Mächte der Dummheit und der Finsternis.«

»Du übertreibst«, sagte ich.

»Finde ich nicht«, erklärte Katharina, »ich glaube, daß er unser Denken im Westen vollkommen richtig darstellt. Unsere Beurteilung der islamischen, hinduistischen und buddhistischen Kultur ist von unverschämter Überheblichkeit, ja Arroganz gekennzeichnet. Für die meisten Leute im Westen leben die Menschen in den anderen Ländern regelrecht im Busch. Dabei ist es dringend notwendig, unsere eigene Lebensart kritisch zu hinterfragen und von den anderen Kulturen zu lernen.«

»Erinnerst du dich noch, wie wir über meine Eheschließung mit Mersa diskutierten?« fragte Hamid.

»Allerdings«, sagte ich.

»Du konntest wohl nicht verstehen, wie wir geheiratet haben?« fragte Mersa.

»Es war ungewohnt für unsere Verhältnisse.«

»Ich weiß«, erklärte sie, »ich habe vier Jahre in den

USA und zwischendurch sechs Monate in England studiert, ich kenne euer Verständnis des Zusammenlebens von Frau und Mann. Du wirst erstaunt sein – mir erging es ähnlich wie Hamid, als das Telegramm meines Vaters in Boston eintraf. Ich hatte einen Freund, traf mich seit zwei Jahren mit ihm – und dennoch kehrte ich in den Iran zurück und heiratete den Mann, der mir von meinem Vater ausgesucht worden war und den ich nicht kannte.«

»Unglaublich«, stammelte Thomas.

»Wir heirateten sechs Tage, nachdem Mersa in Boston ihre Promotion erfolgreich abgeschlossen hatte, wenn euch das beeindruckt«, mischte sich Hamid ein.

»Ihre Promotion?« fragte Katharina.

»Ihren Doktor, wie ihr sagt«, bestätigte Hamid, »sie machte ihren Dr. in Ökonomie und heiratete mich dann sechs Tage später.«

»Wie im Märchen«, stammelte Thomas, »das glaubt mir kein Mensch.«

»Ich sah Hamid zum ersten Mal in meinem Leben wenige Stunden vor unserer Eheschließung, und da ich meinem Vater und meiner Mutter vertraute, daß sie mir keinen Barbaren zum Partner aussuchen würden, willigte ich sofort ein, nachdem ich Hamid kennengelernt hatte. Und wir begannen, uns zu lieben. Ich bin glücklich, ganz bestimmt.«

»Ich nicht weniger«, bekannte Hamid, »ich liebe meine Frau, ihr dürft es mir glauben.«

»Ich kann es nicht fassen«, warf Thomas ein.

»Unsere Liebe entwickelte sich langsam, sie wuchs von Monat zu Monat wie eine kleine Pflanze, die Zeit braucht, sich aus der Erde zu erheben und sich zu entfalten. Wir lernten schnell, unser gemeinsames Leben so zu gestalten, daß es auch dem anderen gefiel und ihm keine Wunden zufügte, wenn ihr versteht, was ich meine?«

Katharina nickte.

»Ich kann euch und eure Lebensart nur bewundern.«

»Unter Liebe kannst du vieles verstehen«, meinte Mersa, »du mußt nur wissen, daß es wichtig ist, alle Aspekte dieses Phänomens zu betrachten und dich nicht ausschließlich auf eine einzige Spielart zu beschränken. Genau diesen Fehler begehen aber viele Menschen im Westen, ich habe es während meiner Studienzeit bemerkt. Sie meinen, Liebe sei allein ein schicksalhaftes Ereignis, das uns aus unerfindlichen Gründen wie ein elektrischer Impuls überkommt und zu dem wir selbst nichts beitragen können. Anschließend versuchen die meisten mehr schlecht als recht miteinander zurechtzukommen und ein ganzes Menschenleben zusammen zu verbringen, auch wenn das für manche schon nach wenigen Jahren zur Qual wird. Der einzige Grund, warum sie beieinander bleiben, ist oft jenes schicksalhafte Ereignis, das ihnen vor Jahren zufällig gemeinsam widerfuhr und das sie als Liebe verstehen. Und dann wundern sie sich, wenn es immer mehr Menschen sind, die ein Zusammenleben unter solchen Umständen nicht mehr durchhalten können oder wollen. Selbstverständlich stellt niemand im Westen diese Art des Zusammenlebens in Frage – im Gegenteil, die meisten fühlen sich anderen Vorstellungen gegenüber weit erhaben.

In der gesamten übrigen Welt dagegen verstehen die Menschen unter dem Begriff Liebe etwas völlig anderes. Sie kennen jenes schicksalhafte Ereignis, das im Westen so hochgelobt wird, meist gar nicht, lassen sich vielmehr von den Eltern oder vom Vater mit einem Partner des anderen Geschlechts zusammenführen, ohne diesen vorher gekannt zu haben, und verbringen dann mit ihm gemeinsam ihr ganzes Leben, nicht aus eigener Entscheidung aneinander gebunden, sondern allein durch den Wunsch der Eltern, der fast immer respektiert wird. Und – was viele bei euch im Westen völlig vergessen haben: Auch in euren Ländern war diese Form des Zusammenlebens bis ins 20. Jahrhundert hinein weit verbreitet.

Aus eurer Sicht heute müßten die Menschen damals alle todunglücklich gewesen sein, denn sie konnten ihre Partnerschaft ja auch nicht auf jene Art von Liebe bauen. Waren eure Vorfahren aber wirklich so unglücklich? Sind alle Menschen heute, denen der Partner von den Eltern vorgegeben wird, ihres Lebens überdrüssig? Oder haben sie nicht eine Fähigkeit erlernt, von denen viele der verstandesbetonten Menschen im Westen heute nur träumen können, die Fähigkeit nämlich, unter dem Begriff ›Liebe‹ das zu verstehen, was unbedingt dazu gehört: Liebe als ein Verhalten, das ein Zusammenleben mit einem Partner erst ermöglicht? Je verständnisvoller wir aufeinander eingehen, desto besser wird das Miteinanderleben funktionieren. Liebe können wir üben, wenn wir nur wollen, das haben die Menschen der vorigen Jahrhunderte und die in den asiatischen Ländern weitaus mehr verstanden als die im Westen. Bei uns haben viele begriffen, daß unser Leben durch das Erlernen der Liebe reizvoller wird und eine neue Qualität erhält.«

»Ach was«, brummte Thomas, »die Ehen in den östlichen Ländern sind doch alle von der rücksichtslosen Dominanz der Männer geprägt. Die Frauen haben sich unterzuordnen, wenn der Pascha befiehlt.«

»Ohne Zweifel, ich muß dir Recht geben. Für die meisten Ehen trifft dies leider zu. Bei uns muß noch sehr viel geleistet werden, auch den Frauen annehmbare Lebensverhältnisse zu schaffen. Ihr Menschen des sogenannten aufgeklärten Westens macht aber den Fehler, daß ihr eure Lebensform als die allein richtige erachtet und die Nachteile nur bei den anderen seht. Ihr glaubt euch der übrigen Welt überlegen, haltet andere Lebensweisen für antiquiert und überholt. Ihr weist mit dem Finger auf die unhaltbare Unterdrükkung der Frauen in unseren Kulturen und vergeßt vollkommen die unhaltbaren Zustände bei euch. Ihr glaubt, ohne das Erlernen der Liebe leben zu können. Ihr habt die Chance, euch den Partner selbst auszusuchen und verzichtet darauf, eure Beziehung auf ein festeres Fundament zu stellen. Ihr empört euch über die Unterdrückung der Frauen in unseren Ländern und steht selbst vor einer schweren Aufgabe. Ihr müßt die Liebe lernen, um als Frauen und Männer gemeinsam Glück zu finden, doch die Struktur eurer allein auf den individuellen Egoismus ausgerichteten Gesellschaften hindert euch daran.

Ich bin in Bombay, später in Teheran aufgewachsen, wie du vielleicht weißt. Die Einflüsse meiner Umgebung haben mich entscheidend geprägt. Sowohl das buddhistisch-hinduistische als auch das moslemische Denken haben mir völlig andere Impulse vermittelt, als ich sie später im Westen fand. Die Werte, die ich als junger Mensch verinnerlichte, legten mir nahe, mit möglichst wenig irdischen Gütern so zufrieden als möglich zu leben. Sowohl in der buddhistisch-hinduistischen Ethik als auch in der moslemischen finden die Menschen ihr Glück nicht im Streben nach immer mehr Reichtum, sondern in der Beschränkung auf wenig Besitz. Und was lehrt ihr in den sogenannten ›christlichen‹ Ländern euren Kindern?

217

Ihr erzieht sie vom Beginn ihres Lebens an allein zum Streben nach materiellem Gewinn. Was dem einzelnen Menschen Vorteile bringt, gilt in eurer Welt als gut und richtig. Nirgendwo sonst auf unserem Globus werden die Menschen so zu egoistischem Verhalten getrimmt wie bei euch. Was immer gekauft werden kann, wird euch in all euren Medien als unbedingt lebensnotwendig eingetrichtert. Der Mensch im Westen gilt bei seinen Nachbarn meist nur dann als ›in‹, wenn er da mitmacht. Ihr bildet euch ein, ›frei‹ zu leben und seid doch Sklaven des Konsums, der euer Leben beherrscht wie der Tyrann die Menschen in einer Diktatur. Die meisten Menschen ›funktionieren‹ wie Maschinen, und wer es wagt, sich gegen diese insgeheim geltenden Normen zu wehren, wird fertiggemacht, indem man ihn auslacht, nicht ernst nimmt, als Außenseiter behandelt. Kinder, die, angespornt von der Werbung im Fernsehen, in den ersten Schulklassen nicht die neuesten Spielsachen präsentieren können, Pubertierende, die nicht nach den aktuellen Modetrends gekleidet sind, fallen dem Spott ihrer Mitschüler anheim. Mit diesem Lebensstil treiben die Länder des Westens zugleich brutalen Raubbau an den Schätzen unserer Erde – die US-Amerikaner etwa, ganze 4 % der Weltbevölkerung, verbrauchen für sich allein über 35 % aller Rohstoffe, für euch Europäer sieht die Statistik kaum besser aus. Die Ressourcen unseres Globus werden so rücksichtslos ausgebeutet, innerhalb kürzester Zeit von den Reichen der Erde verbraucht, die Luft und das Wasser mit krebserregenden Stoffen verseucht. Amerikaner und Europäer praktizieren diesen unverantwortlichen Lebensstil vor den Augen der Welt, und alle ahmen es ihnen nach. Wer es wagt, sich ihrem Denken und Handeln in den Weg zu stellen, wird als

Menschenfeind diffamiert oder schlicht mit aggressiver Gewalt bekämpft. Anstatt von anderen Kulturen zu lernen, diesen egoistischen Lebensstil zu reformieren, bildet ihr euch im Westen voll arroganter Überheblichkeit ein, den Rest der Welt zu euren ›Werten‹ bekehren zu müssen, und ihr tut das mit einer missionarischen Inbrunst, daß uns angst und bange wird.

Während wir, geprägt von Buddhismus und Islam, den einfachen Lebensstil propagieren, verführt ihr immer mehr Menschen zur lebenslänglichen Jagd nach Reichtum. Der ›american way of life‹ als Heilmittel für den ganzen Globus. Viel zu wenige begreifen, daß dieser Lebensstil die Menschen nicht wirklich zu befriedigen vermag. Unser gesamter Erdball leidet, und die Beziehungen der Menschen untereinander bröckeln von Tag zu Tag mehr. Wie soll ein glückliches, sinnerfülltes Zusammenleben von Frau und Mann möglich sein, wenn wir zu Egoisten erzogen und auf Konsum programmiert werden? Dein Partner läßt sich nicht verkonsumieren, er verlangt mehr Mühe, als nur zum Objekt deiner Wünsche degradiert zu werden.«

Mersa schaute uns der Reihe nach an, wir schwiegen betroffen.

»Der Mensch ist ein Wesen zwischen Tier und Engel, schreibt euer Dichterrevolutionär Schiller, und ich muß ihm dabei voll zustimmen«, sagte sie, »denn jeder hat ein Stück vom Tier und Engel, es wäre vermessen, das abzustreiten. Ziel eines ernsthaften Buddhisten, Hindu, Moslem und eines Christen war und bleibt, den Menschen ein Stück weit zu seinem Engel-Anteil zu führen, darin sind sich alle Weltreligionen einig. Wenn ich aber sehe, was die verschiedenen Gesellschaften realisieren, stelle ich große Unterschiede fest. Und ich erkenne, daß eure westlichen Kulturen die

Menschen wieder zum Tier werden lassen und ihn von seinem Engel-Anteil immer weiter entfernen.«

»Ist es wirklich so schlimm?« fragte ich.

»Darf ich dir ein Beispiel nennen«, sagte Hamid, »das mir unheimlich auffiel, als ich jetzt, nach zehn Jahren, wieder nach Europa kam?«

»Bitte.«

»Schau dich in euren Städten und Dörfern um«, meinte er, »nennt ihr das noch ›Leben‹, was sich dort Tag und Nacht abspielt? Die Straßen eurer Städte haben sich in lärmende, stinkende Rennbahnen verwandelt, die Atmosphäre selbst in den abgelegenen Stadtvierteln ist geprägt von Hektik, Lärm, Gehupe, Streß. Die Luft ist reich an Schadstoffen. Ihr habt Platz geschaffen für Parkplätze, Autobahnen und Schnellstraßen, aber ihr habt keinen Raum mehr für Ruhe, Besinnlichkeit, Kontakte, Gespräche. Hast du schon beobachtet, mit welcher Angst ältere Menschen, Behinderte und Kinder an euren Straßenrändern stehen und auf die andere Seite zu kommen versuchen? Wo ist die Rücksicht auf den Mitmenschen, den euch eure christliche Religion lehrt, nach der sich eure größte politische Partei benennt, wenn jeden Tag in eurem Land vierzig Menschen von Autofahrern getötet und achthundert schwer verletzt werden? Hat das noch etwas mit ›Freiheit‹ zu tun, wenn jeder von euch mit der aggressiven Gewalt von 80 oder 120 PS durch Städte und Dörfer rasen kann und andere Menschen unter seinem Lärm und seinen Abgasen leiden müssen? Wo bleibt da die Lebensqualität? Wunderst du dich, daß Frauen und Männer nicht mehr miteinander auskommen, wenn euer alltägliches Verhalten von so viel Egoismus und Rücksichtslosigkeit geprägt ist? Habt ihr im Westen wirklich das Recht, unsere moslemischen oder buddhistisch geprägten Gesellschaften des brutalen Umgangs miteinander zu beschuldigen, wo ihr selbst in eurem Alltag soviel Gewalt praktiziert?«

Ich schaute ihn betroffen an, erinnerte mich an Katharinas Worte, die mir in Alp Grüm fast dieselbe Problematik vor Augen gehalten hatte.

»Letzte Woche kamen wir nach Bologna und Siena«, fuhr Hamid fort, »Mersa hatte geschäftlich dort zu tun. Zwei prächtige Städte aus dem Mittelalter in Norditalien. An den Tagen, die wir uns in Bologna und Siena aufhielten, begannen wir zum ersten Mal, seit wir in Europa waren, wieder zu leben. Du verstehst, warum?«

Ich schüttelte den Kopf.

»Es ist zu lange her, daß ich dort war«, sagte ich.

»Du solltest unbedingt hinfahren. In diesen Städten kann man leben, miteinander reden, stehenbleiben, wo man will, die Häuser, die Menschen, die Umgebung betrachten. Junge Leute flanieren, ältere spazieren gemächlich duch die Straßen, Kinder spielen vor den Häusern. Mitten in der Stadt – nicht in Fußgängerzonen, die allein den Verkaufspalästen vorbehalten sind. Junge Leute gucken und lassen gucken, Musiker und Straßenmaler lassen ihre Künste hören und sehen. Und mittendrin hörst du die Vögel pfeifen. Warum sind die beiden so einzigartig unter all den Städten, die wir in Europa kennenlernten?«

Ich wußte keine Antwort.

»Dort haben die Menschen Vorrang, nicht die Autos. Ich fürchte, es sind die einzigen Städte auf eurem Kontinent, in denen die Menschen miteinander, nicht gegeneinander leben.«

»Und warum? Ich kapiere nicht ganz?«

»In der gesamten Innenstadt von Bologna und Siena dürfen keine Autos fahren.«

»Mein Gott«, sagte Katharina, »was wäre das für ein Leben in Stuttgart, Frankfurt, Köln oder Hamburg.«

»Du glaubst nicht, wie *das* das Leben positiv verändert«, bestätigte Mersa, »in Bologna und Siena wird dir bewußt, wie schön das Leben sein könnte und wie Rücksichtslosigkeit eure Städte zerstört.«

»Aber ist es denn wirklich so schlimm?« beharrte ich, »malt ihr die Situation nicht zu schwarz?«

Bevor Mersa und Hamid antworten konnten, schaltete sich Günther in unser Gespräch ein.

»Ich kann verstehen, daß du so lange brauchst, bis du es endlich begreifst – weil es mir genauso erging.«

»Dir? Was hat das damit zu tun?«

Er sah mich mit ernstem Gesicht an.

»Ich wollte damals nicht mit euch darüber reden«, sagte er, »als wir das Bild an meiner Wand betrachteten und ihr mich nach meiner großen Liebe gefragt habt, du erinnerst dich? Das Bild von der griechischen Insel Amorgos?«

Jetzt fiel es mir wieder ein. Das Bild an seiner Wand, mit den Hügeln und Felsen, den kleinen weißen Würfelhäuschen am Meer und dem Mann und der Frau, die auseinanderzulaufen schienen.

»Ich glaube, es ist an der Zeit, daß ich euch davon erzähle«, sagte Günther, »von meiner großen Liebe und wie sie zu Ende ging.«

Ich nickte ihm zu.

»Und weshalb ich ins Kloster zog.«

»Ins Kloster?« fragte Thomas, »das hängt damit zusammen?«

»Du wirst es verstehen«, erwiderte Günther, »laß mich erklären. Wir lernten uns unterwegs im Zug kennen, irgendwo zwischen Salzburg und Belgrad. Ich wollte nach Griechenland, allein, auf eigene Faust, die

Höhepunkte der Antike kennenlernen: Olympia, Mykene, Delphi. Als ich Jutta begegnete, war mir sofort klar, daß jeder Tag ohne sie leer und sinnlos wäre, ob in Olympia oder in Delphi. Wir saßen die halbe Fahrt in einem alten jugoslawischen Gepäckwagen und starrten Arm in Arm, im Rücken einige Postsäcke, durch die geöffneten Türen nach draußen. Jutta wollte nach Mykonos, nach Santorin und nach Ios, jenen sagenumwobenen Inseln der Kykladen. Sie träumte seit Jahren davon, steckte mich mit ihren Erzählungen an. Zwei Tage später waren wir dort, streiften auf den kleinen Eilanden umher, genossen die Atmosphäre in den malerischen Städtchen. Wir fuhren weiter zu abgelegeneren Inseln, kamen nach Serifos, Sifnos, Folegandros, Amorgos. Über uns thronte das Gebirge, auf seiner Anhöhe kleine weiße Häuschen. Wellen plätscherten am Strand, der Wind streifte durch die Äste der Tamarisken. Esel schrien, Ziegen meckerten. Das einzige Auto der Insel setzte sich nur alle zwei Tage abends in Fahrt, wenn die Fähre aus Piräus anlegte, um Lebensmittel zu übernehmen und sie die serpentinenreiche Straße den Berg hinaufzubefördern. Wir tasteten uns vorsichtig in das noch frühlingshaft frische Wasser vor, atmeten die Ruhe der Umgebung tief ein. Kein Auto, das uns von der Straße vertrieb, kein Motorenlärm, der die Atmosphäre der Insel zerstörte. Ein würziger Duft von herben Kräutern wehte in unsere Nasen, mischte sich mit dem zarten Geruch der Blüten. Wir sogen die Luft in uns ein, beglückt darüber, daß uns niemand in unserer Idylle stören konnte.

Drei Wochen waren wir in der traumhaften Inselwelt zu Hause. Vier Tage später war meine Liebe vorbei.« Günther schwieg, blickte zu Boden.

»Was war geschehen?« fragte Katharina.

»Es war der erste Arbeitstag nach unserem Urlaub. Weil es so schön war, erlaubte sich Jutta, mit dem Fahrrad in den Betrieb zu fahren. Diese Freiheit darfst du dir in unserem Land nicht anmaßen. Sie traf keine Schuld, ihr Verhalten war vorschriftsgemäß, befand die Polizei. Wäre der, der Jutta mit seinem Auto tötete, an diesem Tag mit dem Fahrrad oder der Bahn gefahren, unsere Liebe blühte heute noch. Versteht ihr jetzt, warum ich in der Gesellschaft, in der dieser Wahnsinn jeden Tag vierzigmal passiert, nicht mehr länger leben wollte? Ich kann Mersa und Hamid verstehen, wenn ihr mich fragt.«

43

Zwei Wochen später drückte mir Thomas die neueste Ausgabe der »Stefanie« mit einem mehrseitigen Beitrag von Frau Diplompsychologin Dr. Martha Maria Fitterling in die Hand. Es war unverkennbar, daß ihn Mersas und Hamids Worte beim Schreiben beeinflußt hatten.

Diplompsychologin Dr. Martha Maria Fitterling:

Wie es zwei, die sich lieben, besser miteinander aushalten

Was ist das nur, die Liebe?

»Einige Naturphilosophen haben behauptet«, schreibt Heinrich Heine in seinen »Reisebildern«, die Liebe sei »eine Art Elektrizität. Das ist möglich, denn im Moment des Verliebens ist uns zumute, als habe ein elektrischer Strahl aus dem Auge der Geliebten plötzlich in unser Herz eingeschlagen.«
Offensichtlich muß diese Elektrizität von großer Wirkung gewesen sein, denn Heine fährt fort: »Ach! Diese Blitze sind die verderblichsten, und wer gegen diese einen Ableiter erfindet, den will ich höher achten als Franklin.«
Heines Worte kommen jener Auffassung der Liebe nahe, wonach diese ein schicksalshaftes Ereignis sei, das den Menschen überkommt und in seinen Bann reißt. Wer das Leben des Dichters kennt, weiß, daß zumindest für seine spätere Frau die Begegnung mit dem nicht mehr ganz jungen Heine in der Tat von schicksalshafter Bedeutung war: Die junge Pariser Schuhverkäuferin steht dem um einiges älteren Fremden gegenüber, die Liebe ergreift beide, führt sie zusammen und läßt sie nicht mehr los.
Die Liebe, ein Traum wie im Märchen? »Was Prügel sind, das weiß man schon; was aber die Liebe ist, das hat noch keiner herausgebracht«, urteilt Heine an anderer Stelle in seinen »Reisebildern«, und das

klingt weitaus weniger märchenhaft. Ob es daran liegt, daß er zu der Zeit die »Liebe seines Lebens« noch nicht kennengelernt hatte? Oder ist es doch nicht so weit her mit der Faszination der Liebe?

»Liebe«, formuliert Erich Fromm, »ist das tiefste und realste Bedürfnis eines Menschen.«

Also doch der große Traum, das lebenslange Märchen? »Ich muß versuchen, den Unterschied zu erkennen zwischen dem narzißtisch entstellten Bild, das ich mir von einem Menschen mache, und dem wirklichen Menschen, wie er unabhängig von meinen Interessen, Bedürfnissen und Ängsten existiert«, erklärt Fromm und weist damit auf Schwierigkeiten hin, die die Liebe als märchenhafte Schicksalsmacht bedrohen oder gar in Frage stellen. Denn in der Tat ist es für viele schockierend, das Traumbild des von der Liebe verklärten Menschen zu verlieren und es mit der realen Erscheinung eines völlig normalen Menschen einzutauschen. Wie schlimm, wenn einem ehemals Verliebten die Augen aufgehen und aus der Traumprinzessin die Frau mit Pickeln und Falten wird. Läßt sich Liebe nicht länger festhalten, nicht besser konservieren?

»Lieben ist eine Kunst«, bringt Erich Fromm auf einen Nenner, was er in vielen Überlegungen vorbildhaft ausführt, und damit weist er auf einen Sachverhalt hin, der vielen Menschen unbekannt scheint.

Liebe, das ist nicht nur der einzigartig zauberhafte Moment, in dem uns das Schicksal mit einem elektrischen Impuls überrascht, Liebe ist auch ein aktives Handeln und Gestalten des Menschen über Jahre, ja das ganze Leben hinweg.

Lieben ist ein Tun, mit dem wir unsere Umwelt, unseren Partner und uns selbst beglücken können.

Lieben ist ein Lernprozeß – dieser Sachverhalt weist darauf hin, wie wir uns dieses beglückende Handeln aneignen können: Durch das Erlernen einer Kunst, die uns das ganze Leben hindurch begleiten soll.

Nehmen Sie sich die folgenden Erfahrungen in stillen Stunden vor, überlegen Sie, ob sie auch Ihrem Leben zugute kommen können und reden Sie mit Ihrem Partner oder Ihrer Partnerin darüber, ob Sie sich davon angesprochen fühlen. Versuchen Sie ernsthaft, sich mit ihnen auseinanderzusetzen.

Und vergessen Sie nie: Es gibt für uns nur einen einzigen Weg im Leben, glücklich zu werden: Das Leben und die Menschen zu lieben.

Fünf Schritte zur Liebe

Schritt 1: Hab die Menschen gern, so wie sie sind

Viele Menschen leiden an einer Augenkrankheit, die sie oft nur noch die Fehler und die Schwächen, das Versagen und die Gebrechen anderer erkennen läßt. Tage voller Sonnenschein werden durch ihre beeinträchtigte Sehqualität zu Monaten voller Regenschauer, Stunden mit leichter Bewölkung zu Wochen mit Schnee und Eis. Löse dich von dieser Sichtweise! Ein zeitweiliger Anflug von Blindheit kann heilsam sein, vor allem dann, wenn er uns dazu führt, die Fehler und Schwächen anderer zu übersehen, unverhoffte Ereignisse als angenehm zu empfinden. Liebe ist immer ein Stück weit blind den Fehlern anderer gegenüber. Wenn wir unsere Augen erst einmal wirklich für alle Menschen öffnen, können wir uns diese Blindheit leisten. Dann entdecken wir plötzlich neue, aufregende Wesenszüge an den Menschen um uns herum. Die Regenschauer wandeln sich zu Sonnenstrahlen, Kälte und Schnee zu Momenten voll herrlicher Naturerlebnisse.

Freue Dich über Deinen Partner, so wie er jetzt neben Dir lebt – wenn Du an allen Menschen etwas auszusetzen hast, wird es Dir nie gelingen, einen so zu lieben, daß sich in der Verbindung mit ihm Deine Wünsche und Sehnsüchte erfüllen!

Schritt 2: Genieße jede Stunde Deines Lebens

Wenn Du glücklich sein willst – verschiebe es nicht auf morgen! Wer weiß, was morgen kommt! Heute ist der Tag, jetzt ist für Dich die Stunde, Glück zu finden, zufrieden zu sein. Warum sträubst Du Dich dagegen? Ist es nicht besser, endlich Schluß zu machen mit den ständigen Erinnerungen an die Fehler der Vergangenheit? Denke an heute, an diesen herrlichen Tag, vergiß den mühseligen Ballast von gestern. Freue Dich am Morgen über das Licht der Sonne, sei dankbar für die frische Luft, wenn Du das Fenster öffnest. Genieße die Minuten, in denen Du spürst, daß Dein Herz noch schlägt, daß Du gesund bist, daß Du Dich frei bewegen kannst.

Ist es wirklich selbstverständlich? Wissen wir denn, wie lange wir noch leben dürfen?

Zeige Deinem Partner und Deinen Mitmenschen die Blumen, die am Wegrand blühen und freue Dich mit ihnen darüber!

Koste Dein Leben voll und ganz aus, laß Deinen Lebensgefährten spüren, daß Du Dich an seiner Gegenwart erfreust!

Vergiß die Fehler von gestern, beginne den Tag neu. Verzeihe Deinem Partner ebenso wie Deinem Nachbarn, bitte ihn um Entschuldigung, räume den alten Dreck aus dem Weg und suche nach den Blumen und den Strahlen der Sonne. Verbanne die Kälte und den Haß aus Deinem Leben! Atme den Duft der Blüten und nimm die Wärme des Lichts in Dir auf. Du spürst, wie die Liebe in Dir und zu Deinem Partner neu gedeiht. Gib ihr die Chance zu neuem Leben!

Schritt 3: Mehr »wir«, weniger »ich«

Erzogen für den Kampf, uns erfolgreich durchs Leben zu schlagen, haben wir uns daran gewöhnt, andere Menschen als Konkurrenten zu betrachten. Ob es ums Weiterkommen im Beruf geht oder um die Gunst des anderen Geschlechts – immer leben wir inmitten einer Welt unzähliger Nebenbuhler.

Das Verhalten im Straßenverkehr macht dies sichtbar. Nahezu 10 000 getötete, fast 500 000 verletzte Verkehrsteilnehmer jedes Jahr allein in Deutschland, davon mehr als die Hälfte unschuldige Fußgänger und Radfahrer, sprechen eine deutliche Sprache.

Wundert es, daß da die Zweisamkeit Probleme aufwirft? Zwei selbstbewußt kämpfende »Ichs« unter einen Hut zu bringen, bedeutet noch lange kein »Wir«. Zwei, die es gewohnt sind, jeder für sich, mit Ellenbogen zu kämpfen, jetzt auf einmal vereint? Schon rational kann die Lösung nur auf ein beiderseitiges Zurücknehmen der eigenen Interessen und eine bessere Verständigung der Partner hinzielen.

Überlasse Deinem Verstand hier aber keinen zu großen Einfluß, viel besser eignet sich Dein »Herz«, diesen Zwist zu bereinigen. Mehr »wir« muß aus unserem Innersten kommen, uns voll und ganz erfassen und nicht nur unseren Liebespartner miteinbeziehen – sondern alle Menschen. Den ganzen Tag den Kollegen die Ellenbogen zeigen und abends in Liebe hinschmelzen? Das kann nicht gutgehen. Nimm Dich und Deine Interessen zugunsten anderer zurück, und Du wirst bald spüren, daß dies Dein Leben bereichert und Deine Partnerschaft mit Glück erfüllt.

Schritt 4: Du lebst nicht nur zu zweit auf dieser Welt

Zur größten Gefahr vieler Beziehungen droht ausgerechnet eine Angelegenheit zu werden, von der die meisten sich das Gegenteil erhoffen: Die Flucht in liebevolle Zweisamkeit. Sich gemeinsam eine Welt aufzubauen, eine Burg des Glücks zu errichten, scheint unzähligen Jungverliebten die Verwirklichung des Paradieses zu sein. Und in der Tat schweben sie, fasziniert von den völlig neuen Reizen, die ersten Monate ihres neuen Lebens wie auf Flügeln durch die Welt.

Um so härter trifft es sie jedoch, wenn die Kehrseite des märchenhaften Geschehens sie bald auch hier einholt: Erscheint es erfahrungsgemäß doch beiden Partnern auf Dauer zu langweilig, das Leben nur in enger Zweisamkeit zu verbringen und alle anderen Geschehnisse auf der Welt zu vernachlässigen.

Wenn wir Liebe über längere Zeit erhalten wollen, müssen wir unserem Partner Freiraum lassen, seine eigene Person weiter ausbilden zu können. Jeder braucht Zeit, in der er sich selbst widmen und zu seinem Ich finden kann. So widersinnig es klingt: Um liebevolle Zweisamkeit verwirklichen zu können, muß beiden Beteiligten Gelegenheit zum Alleinsein geschenkt werden: Denn nur *der* Mensch, der mit sich selbst ins reine kommt, harmoniert mit einem anderen sinnvoll zusammen. Gib Deinem Partner also die Möglichkeit, sein eigenes Hobby zu pflegen und laß ihm den Kontakt zu den Menschen, die er früher schon kannte, damit er sich nicht an Dich gekettet fühlt, sondern Dir aus freien Stücken zugetan ist.

Schritt 5: Bleibe dem Partner Deiner Liebe treu

Kein anderes Empfinden, kein anderes Verhalten wird heute von vielen so mitleidig belächelt, wie dem anderen treu zu sein. In der Hast und Gier nach immer neuer Befriedigung scheint es bequemer, den Partner, sobald er keine Lust mehr zu vermitteln vermag, wegzuwerfen wie eine ausgepreßte Zitrone. Aufgepeitscht von immer neuen Werbekampagnen, erweitern viele ihr Konsumverhalten auch ins Feld der Liebe hinein, werfen dabei jedes Empfinden von Treue zur Seite. Sie stürzen sich in immer neue Erlebnisse, jagen nach ständig neuer Lust und bleiben doch ohne Befriedigung. Wahrem Erleben von Gefühlen, von Sehnsucht, von Liebe bleiben sie fern.

Liebe jedoch läßt sich nur langsam, mit viel Geduld, viel Zeit und Vertrauen in die Treue des anderen aufbauen. Ohne die Bereitschaft des Partners zu kennen, fest zu uns zu halten, erlangen wir nicht die volle Öffnung unserer Sinne, die die Liebe zum wahren Gedeihen benötigt. Nichts braucht unsere gemeinsame Liebe dringender als die bedingungslose Treue zueinander, auch in Zeiten der Bedrängnis. Was wir zusammen erfahren, zusammen erlebt haben, stärkt unsere Gefühle, belebt unsere Liebe, speist unsere Träume. Wir sollten alles dafür tun, uns dieses Glück zu erhalten.

44

»Vier Frauen habe ich besucht«, erklärte Günther.

»Und – hattest du Erfolg?«

Er verzog sein Gesicht.

»Ich weiß nicht so recht.«

»Wieso?«

»Na, sie waren irgendwie komisch.«

»Wie komisch?«

»Eigentlich nicht unbedingt das, was ich erwartet hatte.«

»Hast du dir nicht die interessantesten Briefe ausgesucht?«

»Schon«, meinte er, »aber bei so vielen Zuschriften wußte ich gar nicht recht, wo ich anfangen sollte.«

»Aber wieso haben dir die Frauen nicht gefallen?«

»Na ja, das hat verschiedene Gründe. Sie waren oft anders als in ihren Briefen.«

»Erzähle!«

»Zuerst habe ich mich mit Elsemarie getroffen, am letzten Samstag. Sie hatte so eine schöne, wohlklingende Stimme am Telefon. Ihretwegen fuhr ich eigens nach Celle, aber dann ..«

»Nach Celle?« fragte Thomas, »so weit weg?«

»Ja, nördlich von Hannover, am Rand der Lüneburger Heide. Eine wunderschöne romantische Stadt mit unzähligen Fachwerkhäusern, so was habt ihr noch nicht gesehen!«

»Doch«, sagte ich.

»Wieso?«

»Ich war schon dort. Ein traumhaftes Stadtbild, fast wie im Mittelalter.«

»Genau«, sagte Günther, »ich war total begeistert, wollte fast nicht mehr weg. Aber diese Elsemarie! Kaum zum Aushalten!«

»Was war so schlimm?«

»Ich war über acht Stunden bei ihr. Mindestens sechseinhalb davon wollte sie mich retten.«

»Wovor?«

»Vor der ewigen Verdammnis.«

»Wieso?«

»Sie wollte nicht, daß ich verlorengehe.«

»Aber ich verstehe immer noch nicht.«

»Sie ist Mitglied der Zeugen Jehovas.«

»Ah ja.«

»Was heißt ›ah ja‹. Du hast keine Ahnung, was das bedeutet. Wenn dir so lange vor Augen geführt wird, wie diese ewige Verdammnis aussieht, falls du dich nicht bald zu den Lehren der Zeugen Jehovas bekehrst, hast du nur noch eine Chance.«

»Nämlich?«

»Vor Elsemarie zu fliehen, um der irdischen Verdammnis zu entgehen. Lieber in die Hölle, als schon auf der Erde verrückt werden.«

Thomas lachte.

»Das hast du schön formuliert«, sagte er.

»Mir ist es aber todernst damit«, erwiderte Günther, »was der gute Charles Russell und John Rutherford da in die Welt gesetzt haben…«

»Wer?«

»Die Gründer der Zeugen Jehovas«, erklärte Günther, »Elsemarie hat mich ausführlich informiert.«

»Und dennoch hast du sie nicht zur Frau genommen.«

»So schön Celle als Stadt war, ich fuhr am Samstagabend mit dem letzten Zug wieder zurück.«

»Und dann?«

»Sonntagmorgen rief ich bei Verena an.«

»Und?«

»Wir trafen uns noch am selben Tag. War nicht so weit weg, in Ulm.«

»Nicht so weit weg?« fragte ich. »Du bist gut. Unser Günther wird zum Reisenden, ein ganz neues Bild.«

»Entweder ich kümmere mich um die Frauen oder nicht. Ich habe mir bei der Bahn eine Netzkarte gekauft für einen Monat Freifahrt in Deutschland. Die werde ich jetzt auch ausnutzen.«

»Wahnsinn!« sagte Thomas, »was ist denn mit dir los?«

»Und im Kloster habe ich sofort vierzehn Tage Urlaub genommen! Vorerst, mit der Bemerkung, daß ich anschließend eventuell weitere vierzehn Tage unterwegs sein werde.«

Thomas und ich saßen sprachlos da, schauten Günther mit großen Augen an.

»Daß ihr beide keinen Kommentar auf den Lippen habt«, lachte Katharina, »ich glaube, so kennt ihr euren Freund Günther noch nicht?«

»Allerdings«, sagte ich, »ich verstehe gar nicht, was mit dem Jungen los ist.«

»Ich glaube, der Mensch wird erwachsen«, kommentierte Thomas.

»Jedenfalls fuhr ich zu Verena nach Ulm«, erklärte Günther unbeirrt, »die Stadt ist mir sowieso sympathisch. Gleich vorm Bahnhof die Erinnerung an Albert Einstein mit seinem feschen Schnauzbart, finde ich echt spitze. Dann die kurze Fußgängerpassage zum Münster. Ich bin richtig vernarrt in diese Kirche. Außerdem liebe ich die gemütlichen Häuser im Altstadtviertel an der Donau.«

»Also, dann war Verena doch grad die richtige!«

»Für euch vielleicht, für mich auf keinen Fall.«

»Wieso?«

»In der Fußgängerzone, gleich neben Albert Einstein, traf sie den ersten Bekannten. ›Von früher‹, meinte sie. Hundert Meter weiter, gleich neben dem Kino, der nächste. Freundlicher Small-Talk. ›Wieder einer von früher?‹ fragte ich. ›Mein erster Mann‹, sagte sie.«

»Na ja, sie war wenigstens ehrlich«, meinte Thomas, »andere verschweigen, daß sie geschieden sind.«

»Ehrlich war sie, allerdings. Wir hatten gerade das Münster erreicht, da wußte ich schon Bescheid.«

»Worüber?«

»Daß ich im Falle eines Falles der vierte wäre.«

»Der vierte?«

»Sie war bereits dreimal geschieden.«

»Ach«, sagte ich, »sie liebt wohl die Abwechslung.«

»Ganz bestimmt. Dazu wollte ich ihr gleich noch Gelegenheit geben.«

»Wieso?«

»Na ja, ich rief noch vom Ulmer Bahnhof die nächste Frau an.«

»Eines muß man dir lassen, du bist lernfähig: Früher eine Frau in fünf Jahren, heute fünf Frauen in drei Tagen.«

»Blödsinn. Aber am Montag fuhr ich nach Backnang.«

»Schon wieder so eine urige Stadt! Du stehst wohl auf Frauen in Fachwerk und Mittelalter.«

»Warum nicht? Dort könnte ich es gut aushalten. Die Altstadt rings um die Kirche – keine Frage, das wäre nicht schlecht. Aber leider war es mit Erika nicht so weit her.«

»Erika aus Backnang?«

»Nicht ganz. Sie wohnt zwar seit zwei Jahren dort, stammt aber aus der ehemaligen DDR.«

»Na und? Hast du was gegen die Leute von dort?«

»Garantiert nicht. Nur was gegen Erika.«

»Wieso?«

»Sie lebt nicht allein.«

»Oh. Sie hat schon einen Liebhaber? Unersättlich, wie?« fragte Thomas.

»Quatsch! Ihr habt doch nur eines im Kopf!«

»Aber was dann?«

»Sie lebt mit ihrem Erich.«

»Welchem Erich?«

»Doch ein Hausfreund?« fragte ich.

»Honecker mit Nachnamen.«

»Erich Honecker?«

»Genau der.«

»Der frühere DDR-Boß?«

»Sie saß in der Ex-DDR drei Wochen hinter Gittern, bevor sie freikam. Seitdem hat sie auf alles, was irgendwie mit der DDR zu tun hat, so eine Wut, daß sie vor Aggressionen direkt glüht.«

»Aber wieso lebt sie mit Erich Honecker?« fragte ich, »verstehe ich nicht. Ich dachte, der Typ ...«

»Am ersten Tag, den sie im Westen lebte, legte sie sich genau diese Figur zu.«

»Was für eine Figur?«

»Wie wäre es, wenn ihr euren Freund mal ausreden lassen würdet?« fragte Katharina.

»Sie kaufte sich einen Papagei.«

»Wozu?«

»Erich Honecker.«

»Wie?«

»Der Kerl heißt Erich Honecker.«

»Aber warum?«

»Ihr kapiert auch gar nichts. Der Kerl gibt nur einen Ton von sich, da schreit die liebe Erika auch schon:

›Erich Honecker, halt dein Maul!‹ Du hängst deine
Jacke auf den Bügel, da wiederholt das Vieh: ›Erich
Honecker, halt dein Maul!‹ Du sitzt gerade gemütlich
beim Kaffee, da brüllt er: ›Erich Honecker, du Idiot!
Erich Honecker, du Idiot!‹ Daraufhin Erika: ›Erich
Honecker, ich schlag dich tot!‹ Du nippst von deinem
Kaffee, da plärrt der Kerl: ›Erich Honecker, halt's
Maul!‹ Du stellst vor Schreck deine Tasse ab, versuchst
dir ein Stück Kuchen in den Mund zu schieben, brüllt
Erika: ›Erich, Erich, du Verbrecher!‹ Du spuckst aus
Versehen deinen Kuchen auf den Teller, gibt der Vogel
zur Antwort: ›Erich Honecker, wehe wenn ich dich er-
wisch!‹ Mein Gott, so ging das den ganzen Mittag.«
»Na ja, wer weiß, was die arme Erika in der Ex-DDR
alles an Schikanen über sich ergehen lassen mußte!«
meinte Thomas, »Du an ihrer Stelle …«
»Ich hätte mir lieber ein Krokodil zugelegt!«
»Dann wird es also nichts mit Erika?«
»Du hättest mich aus ihrer Wohnung flüchten sehen
sollen! Ich rannte ins nächste Lokal und spülte meinen
Ärger mit zwei Flaschen Retsina runter …«
»Du?« rief ich überrascht.
»Bei jedem Schluck gab ich 'nen Toast auf Erich aus.
›Zum Wohl, Erich‹. Nach zehn Minuten hatte ich dem
Wirt alles gebeichtet. Darauf spendierte er drei Ouzo.
Anschließend fielen mir die Trinksprüche immer leich-
ter.«
»Wahnsinn!« meinte Thomas, »du hast dir wohl nicht
einmal den Namen des Lokals merken können!«
»Einen Wirt, der drei Ouzo spendiert, vergesse ich nie!
Wenn ich je wieder nach Backnang komme, gehe ich
ins Mitsou, aber nie mehr zu Erika!«
»Waren das alle Frauen?«
»Franziska fehlt.«

»Auch nichts los mit ihr?«

»Mit ihr schon«, erklärte Günther, »sofort.«

»Was?« rief ich, »da bahnt sich doch nicht etwa schon was an?«

»Vielleicht.«

»Ich werd' verrückt«, meinte Thomas.

»Aber ich weiß nicht, ob wirklich.«

»Warum?«

»Zwei Frauen auf einmal sind nichts für mich.«

»Erzähle!«

»Bei Franziska war ich am Dienstag und Mittwoch.«

»Etwa über Nacht?« rief Thomas.

»Aber wie!« bestätigte Günther.

Wir starrten ihn neugierig an.

»Junge, Junge! Ich erkenne dich nicht wieder!«

»War ein ganz schön weiter Weg bis nach Wuppertal. Franziska holte mich am Bahnhof in Elberfeld ab, aber nicht allein.«

»Mit ihrem Papagei«, rief Thomas, »namens Helmut Kohl. Helmut, halt dein ...«

»Blödsinn. Ihre Schwester war dabei, die Ruth. Eine attraktiver als die andere.«

»Ja und?«

»Na ja, ich sagte doch, zwei Frauen auf einmal sind zuviel.«

»Wieso denn?«

»Weil ich kaum mit Franziska allein war. Ruth wich nicht von ihrer Seite. Und dann wußte ich schon gar nicht mehr, welche mir sympathischer war.«

»Und bei welcher der beiden Frauen hast du übernachtet?«

»Im Hotel«, antwortete Günther, »ich wußte echt nicht, wo sonst.«

»Und am nächsten Tag?«

»Ich setzte mich in die berühmte Schwebebahn und fuhr hin und her, um zu überlegen.«

»Und – für welche hast du dich entschieden?«

»Ich weiß es nicht. Ich fuhr zurück, ohne sie noch mal zu besuchen.«

»Du Feigling!« brummte Thomas, »und Ruth und Franziska sitzen jetzt in Wuppertal und warten auf den Heiratsschwindler.«

»Ich muß mir Zeit lassen für eine solche Entscheidung«, erklärte Günther und zeigte auf den Berg von Briefen, »außerdem seht ihr doch, daß noch genügend andere Frauen auf mich warten.«

Thomas und ich starrten ihn mit großen Augen an.

»Das sagst du?« riefen wir beide gleichzeitig, »Günther, unser Freund aus dem Kloster?«

»Ich helfe dir gern, wenn ich darf«, bot Katharina an, »wenn du bis morgen hier bleibst, nehmen wir uns den ganzen Tag dafür vor. Vielleicht finden wir zusammen besser die passenden Frauen.«

Günther hatte nichts dagegen einzuwenden.

»Schade, daß ich zu einem Kongreß muß«, meinte Thomas, »sonst würde ich euch gerne bei eurer Arbeit zusehen.«

»Mir geht's nicht besser«, erklärte ich, »auf mich warten meine Akten. Dabei würde ich viel lieber helfen, Günther endlich an die richtige Frau zu bringen.«

45

Es war merkwürdig still in der Wohnung, als ich nach
Hause kam. Die Luft roch nach Rauch, als hätte jemand große Mengen Papier verbrannt.
Udo Lindenberg erhob sich in der Diele schwerfällig
vom Boden, streckte sich müde und torkelte mir langsam entgegen.
»Wie geht's dir, Alter?« fragte ich, nahm ihn hoch,
streichelte ihn.
Udo maunzte leise, ganz ungewohnt. Irgendwie war
ihm nicht ganz wohl zumute. Ich massierte ihn kräftig,
lief zur Küche. Ein Hitzeschwall nahm mir fast den
Atem. Aus dem Ofen quollen Reste schwarzverbrann-
ten Papiers.
Von Katharina und Günther keine Spur.
Irgendwie kam mir alles völlig verändert vor, nirgendwo ein Brief, kein einziges Kuvert. Alles frisch
aufgeräumt, das Geschirr gespült und im Schrank ver-
staut.
Was war geschehen? Wer war mitten im Sommer auf
die Idee gekommen, Feuer zu machen?
Ich schaute auf den Küchentisch, sah das Blatt.
Überrascht erkannte ich Günthers Handschrift.

Lieber Gottlieb,
ich fahre heute mittag nach Westerland, später nach Paris
und dann noch in die Schweiz – vielleicht zwei oder drei
Wochen, je nachdem wie es uns gefällt, mit Katharina.

Ich war baff, mein Herz begann zu klopfen. Mit Katharina, überlegte ich, aber sie hatte die nächsten drei Wo-

chen doch frei, keine Single-Tour eingeplant, ich wußte es genau! Was wollte er dann?

Sein Brief war noch nicht zu Ende.

Katharina hat – wie du weißt – frei, die nächsten drei Wochen, deshalb wollen wir beide diese Zeit gemeinsam genießen! Da ich jetzt, wie du dir sicher denken kannst, die Briefe nicht mehr benötige, haben wir sie verbrannt, um auch symbolisch zu zeigen, daß ich gefunden habe, was ich suchte. War das ein Feuer! Herzlichen Dank für euer tolles Geburtstagsgeschenk, das war gut gemeint, aber wozu brauche ich es jetzt noch, da ich in Katharina endlich die Frau fürs Leben
. . .

Ich spürte, wie mir schwindlig wurde, hielt mich an der Tischkante fest. Mein ganzer Körper zitterte, mein Herz schlug heftig. Udo miaute leise.

Ich sah mich außerstande, ihm weitere Streicheleinheiten zukommen zu lassen, ließ ihn auf den Tisch nieder. Dabei las ich verschwommen den Schluß des Briefes.

Herzliche Grüße und danke für alles
Deine glücklichen Günther und Katharina

Ihren Namen hatte *sie* selbst geschrieben und ein großes Herz um beide gezeichnet.

Das war alles. Kein Hinweis darauf, daß das alles ein Scherz, ein übler Witz sein sollte.

Udo glotzte mich mit großen Augen an. Er spürte, daß es hier nicht mit rechten Dingen zuging.

»Miau«, seufzte er.

Ich kraulte ihn hinter den Ohren, fuhr ihm sanft über sein Fell.

Katharina und Günther, fuhr es mir durch den Sinn,

das Liebespaar des Jahres. Konnte das wahr sein? Oder handelte es sich nicht doch um einen Scherz, einen Gag, mit dem sie mich veralbern wollten?

Ich mußte Thomas fragen, wenn der später von seinem Kongreß zurückkam. Was der wohl dazu sagen würde?

Das Telefon läutete.

Total erschlagen schlurfte ich zum Apparat, nahm ab.

»Ja?«

»Hör mal«, sagte Thomas, »es ist folgendes.«

»Kommst du gleich?« fragte ich.

»Nein.«

»Wieso nicht?«

»Das ist so, also ...«

»Bleibst du über Nacht weg?«

»Ich bin gerade im Zug.«

»Im Zug?«

»Ja, am Zugtelefon. Wir sind gerade zwischen Hannover und Hamburg.«

»Du meinst wohl umgekehrt. Zwischen Hamburg und Hannover Richtung Süden.«

»Nein, schon so, wie ich sagte.«

»Was? Wieso denn? Wann kommst du wieder?«

»In vierzehn Tagen vielleicht oder in drei Wochen, je nachdem.«

»Wie bitte?«

»Ja, du hast die nächsten zwei bis drei Wochen sturmfreie Bude, das ist dir doch recht, alter Genießer, dann bist du mit Katharina völlig ungestört. Ich wünsche euch beiden viel Spaß miteinander – aber vergeßt mir vor lauter Schmuserei den Udo nicht!«

»Was soll das heißen?«

»Du sollst vor lauter Katharina nicht vergessen, dem lieben Udo ab und zu etwas zum Fressen zu geben.«

»Katharina? Du spinnst wohl! Was soll das heißen, du kommst vierzehn Tage nicht?«

»Bettina und ich fahren miteinander weg.«

»Wer?«

»Bettina und ich.«

»Bettina?«

»Na ja, ich habe heute morgen auf der Fahrt zum Kongreß – du weißt doch, daß ich per Bahn unterwegs bin, weil Hamid und Günther mich überzeugt haben, wie unverantwortlich es ist, Auto zu fahren – also, da ist mir doch im Zug die absolute Traumfrau über den Weg gelaufen.«

»Die absolute Traumfrau?«

Mir verschlug es fast die Sprache.

»Aber, aber ...«, stammelte ich.

»Ja, ich weiß«, sagte er, »eigentlich gibt es das gar nicht, ich meine, psychologisch, wissenschaftlich und überhaupt, ich schreibe es ja oft genug in meinen Artikeln, aber jetzt ist es eben passiert.«

»Was?«

»Na ja, wie man so sagt.«

»Was sagt man?«

»Na ja, mach's mir doch nicht so schwer: Liebe auf den ersten Blick!«

»Du!« schrie ich, »du!«

»Ja, manchmal kommt es anders, als man denkt!«

»Und wer ist sie?«

»Bettina.«

»Wie hast du sie kennengelernt?«

»Im Zug. Ich gab ihr meine Fahrkarte – und da war es uns beiden klar.«

»Wieso hast du ihr deine Fahrkarte gegeben?«

»Na, sie ist Schaffnerin und wollte mein Ticket kontrollieren!«

»Nein!«

»Doch!«

»Und jetzt?«

»Am nächsten Bahnhof bin ich rausgerannt und habe mir so eine Netzkarte für ganz Deutschland gekauft, wie Günther auch eine hat. Freie Fahrt von Berchtesgaden bis Westerland, Junge! Und jetzt fahren wir vierzehn Tage oder drei Wochen, je nachdem, durchs Land.«

»Urlaub?«

»Nur teilweise. Sie kontrolliert die Fahrkarten und ich fahre mit und schreibe meine Artikel im Zug. Und wenn sie überall durch ist, gehen wir in den Speisewagen und genehmigen uns ein feudales Mahl oder einen Wein.«

»Wahnsinn.«

»Ja, und am Donnerstag abend fahre ich nach Frankfurt, mache die Sendung, und am nächsten Morgen geht's mit Bettina weiter.«

»Also, dann wünsche ich euch beiden viel Glück!«

»Haben wir«, sagte er, »garantiert. Wir kommen jetzt bald in Hamburg an, dann geht's rund! Aber dir und Katharina ebenfalls viel Spaß und treibt es nicht zu bunt! Und morgen fahren wir mal kurz nach Westerland! Tschau!«

»Was? Wohin fahrt ihr? Da trefft ihr Günther und ...«

Er hatte bereits aufgelegt.

Ich lief zum Tisch zurück, setzte mich auf einen Stuhl. Udo Lindenberg sah mich mit großen Augen an.

Katharina und Günther weg, Thomas dazu, nur Udo noch hier. Na gut, dachte ich, manchmal kommt es eben ganz besonders dick.

Und jetzt?

Udo Lindenberg miaute leise.

Ich streichelte ihn, bis er schnurrte, sah mich in der Wohnung um. Die Briefe waren alle weg, verbrannt.
Fast 100 Frauen auf einen Griff – das wäre es gewesen.
Jetzt, in meiner Situation.
Aber damit war es vorbei, alle Chancen vergeben.
Oder doch nicht?
Plötzlich kam mir die Idee.

46

Am Wochenende war die Anzeige in der Zeitung. Udo Lindenberg schnurrte voll Genuß, als ich ihn massierte und zugleich die wohlbekannten Zeilen las.

HILFE, ICH SUCHE EINE FRAU!

Ja, Dich meine ich, junge Frau! Ich sehne mich nach Dir, voller Liebe und Zärtlichkeit! Ich bin ein etwas zurückgezogen lebender Mensch, 32, mit großer Liebe zur Natur, intensivem Interesse an Philosophie, Literatur und Kunst, nachdenklich und ruhig und suche eine Frau, der es mehr aufs Innere als aufs Äußere ankommt. Ich bin 1,90 m groß, Nichtraucher, 85 kg schwer, schlank. Ich freue mich auf Deine Zuschrift. Schenke mir ein Lebenszeichen, ich brauche Dich, ohne Dich will ich nicht länger leben!

DICH SUCHE ICH – KOMM DOCH ZU MIR!

Mal abwarten, wie viele Briefe in den nächsten Tagen eintreffen werden. Frau Strübermir und der Briefträger werden allen Grund haben, mir zu meiner erneuten Beförderung zu gratulieren. Schließlich werden die Briefe diesmal wirklich alle *für mich* sein.

Ich schaute aus dem Fenster.

Und wenn alles nichts half? Wenn wider Erwarten die Frau, die ich suchte, nicht dabei war?

Dann gehe ich zum Bahnhof, kaufe mir eine Netzkarte und setze mich in irgendeinen Zug. Dort treffe ich so viele Frauen, daß sich mein Problem innerhalb kürzester Zeit von selbst lösen wird. Garantiert.

Das Telefon läutete.

Andreas, unser alter Bekannter, der Pfarrer mit den vielen Annoncen, war am Apparat.

Ich war so erfreut, daß ich jemand zum Reden fand, daß ich ihm alles erzählte. Alles. Von Günthers Hoffnungen auf die Frau im Zug über mein wunderbares Rendezvous bis zum heutigen Tag, alles.

»Wahnsinn!« sagte er nur, »unglaublich!« Und dann, als ich vor Erschöpfung nicht mehr weitersprechen konnte, meinte er: »Weißt du was?«

»Nein.«

»Du nimmst dir zwei Wochen Urlaub, fährst in meine Berghütte und ...«

»Ich? Wieso?«

»... setzt dich dort an den Schreibtisch und notierst alles ganz genau so, wie du es mir gerade erzählt hast. Und dann veröffentlichen wir es als Buch.«

»Als Buch?«

»Na klar, das sind doch grundlegende Informationen, die wir alle für unser Leben brauchen, was ihr da in den letzten Wochen erlebt habt.«

»Wen soll das interessieren?«

»Du stellst dich vielleicht dumm an. Was glaubst du, wie viele Menschen jede Woche bei mir als Pfarrer um Hilfe in Fragen ihrer Partnerschaft nachsuchen? Wenn ein Thema den Leuten heute unter den Nägeln brennt, dann doch dieses: Wie schaffe ich es, eine sinnvolle Partnerschaft zu verwirklichen? Was müssen wir in unserem Alltag ändern, damit wir wieder besser zueinander finden können? Das sind doch grundlegende Fragen, die nach Antwort schreien!«

»Und das mit dem Buch meinst du ernst?«

»Natürlich«, sagte er, »damit hast du die Chance, die Leute zu unterhalten und ihnen gleichzeitig verständlich zu machen, was für uns alle das wichtigste auf dem Weg zu einer sinnvollen Partnerbeziehung ist: Unser Leben muß sich ändern – nicht nur unser Umgang miteinander, auch unser Umgang mit der Natur! Weg von der Verschwendungssucht, vom Überfluß auf Kosten der Armen – hin zu einem Lebensstil, der uns die Verantwortung für alles, was wir tun, bewußt macht. Das mußt du in deinem Buch deutlich zum Ausdruck bringen!«

47

Acht Stunden später saß ich, begleitet von Udo Lindenberg, zehn Bleistiften, einer Schreibmaschine und viel Papier in der Berghütte und schrieb und schrieb und schrieb. Natürlich bekam Udo genügend Streicheleinheiten ab, keine Frage. Wer sonst stand dafür zur Verfügung?

Sonst aber lief nichts außer schreiben, schreiben, schreiben. Die Antworten auf die Anzeige hatte ich Andreas überlassen.

»Und was wird mit den Briefen, die auf meine Annonce kommen werden?« hatte ich gefragt.

»Kein Problem. Um die kümmere ich mich. Gib mir euren Schlüssel.«

»Du?«

»Dann kann ich schon das Geld für meine eigene neue Anzeige sparen.«

Fünf Tage später tauchte er in der Berghütte auf, begutachtete meine Fortschritte.

»Schreib nur so weiter!« meinte er, »sag es ihnen!«

Als ich ihm noch mal vier Tage später das inzwischen dickleibige Opus vorstellte, verhalf er mir zu einem schönen Abschluß.

»Übrigens, ich habe allen meinen Freunden von deiner schriftstellerischen Tätigkeit erzählt.«

»Wieso?«

»Ist doch was Besonderes. Wer macht das schon, daß er auf diesem Weg nach einer Frau sucht?«

»Ja und?«

»Wir sind gemeinsam zu einem Entschluß gekommen.«

»Wer wir?«

»Achim, Markus, Reiner, Tobias, Micha und ich.«

»Ah ja? Ich kenne die anderen Herren zwar nicht, aber es interessiert mich schon, zu welchem Entschluß ihr gefunden habt.«

»Dein Buch muß verkauft werden.«

»Sehr scharfsinnig, euer Gedankengang.«

»Damit es aber in der Flut der anderen Bücher nicht

untergeht, sollte es über einen ganz besonderen Inhalt verfügen.«

»Den hat es zweifellos.«

»Nicht so überheblich, die Konkurrenz ist groß! Wir haben jedenfalls beschlossen, deinem Buch einen ganz besonderen Kaufanreiz zu verleihen – ganz speziell für Leserinnen!«

»Und der wäre?«

»Sechs junge Männer – alle noch zu haben!«

»Und was soll ich damit?«

»Du erwähnst uns alle sechs am Schluß deines Buches und machst die Leserinnen auf uns aufmerksam. Und wenn den Frauen dann ihr Herz zu rasen und ihr Puls sich zu überschlagen beginnt, sollen sie sich bei einer deiner vielen Lesungen mit dir in Verbindung setzen und unsere Adressen erfragen. Vielleicht haben sie Glück und ihr Märchenprinz ist bis dahin noch nicht vergeben.«

So kam es, daß mein Buch auf diese Weise vervollkommnet wurde.

Sollten Sie aber von dieser Idee Andreas' nicht sonderlich begeistert sein, empfehle ich Ihnen aus eigener Erfahrung: Besorgen Sie sich eine Netzkarte und genießen Sie die Vorteile des Bahnfahrens – Kontakte ergeben sich fast von selbst. Sie werden staunen, welch bewundernswerte Menschen auf diesem Erdball leben! Oder Sie geben eine Annonce auf in einer Zeitung Ihres Vertrauens.

Und wenn alles nichts hilft – liebe männliche Leser – dann klemmen Sie mein Buch unter den Arm mit deutlich sichtbarem Titel – und dann viel Erfolg!

Dr. Frühlings liebstes Liebesgedicht

Und wenn die Stürme
noch so toben
die Wellen
noch so hoch
die Wolken
noch so drohend
das Wasser
noch so wild
die Blitze
noch so grell
die Donner
noch so laut
die Schiffe
noch so klein
Du wartest
drin im Hafen.

GOTTLIEB GUTMANN